D1328117

La tapisserie de Bayeux

Michel Parisse

La tapisserie de Bayeux

Dessins de Jean Thouvenin

Denoël

Introduction

C'est d'une renommée internationale que jouit depuis longtemps cette œuvre d'art unique en son genre, qu'on désigne le plus simplement du monde par l'expression *Tapisserie de Bayeux.* La salle d'exposition qui l'abrite et la protège accueille chaque année, par milliers, les visiteurs, isolés ou en groupes. Ses dessins sont reproduits de multiples fois, et longue est la bibliographie des articles et ouvrages qui en ont traité[1]; impossible à dresser serait celle des livres et des objets qui lui ont emprunté quelques motifs. Cette notoriété n'est pas usurpée, car la qualité du dessin et l'intérêt du récit sont peu communs. Pourtant on ne cesse d'admirer avant toute autre chose les qualités d'une œuvre qui reproduit avec une admirable fidélité la vie quotidienne et militaire d'une époque. Malgré un siècle d'études, on n'a pas encore fini d'interroger ce chef-d'œuvre.

Ce qu'on appelle la Tapisserie de Bayeux est en réalité une toile de lin brodée qui raconte, sur plus de 70 m de long et 50 cm de large, les préliminaires et le déroulement de la bataille de Hastings (14 octobre 1066) par laquelle le duc de Normandie, Guillaume, a battu le roi anglais, Harold, et a pu devenir roi d'Angleterre. On parle donc abusivement d'un récit de la conquête de l'Angleterre, comme le laisse supposer son titre ancien de « toile de la conquête ». La tradition a été également admise que la conception et la réalisation de l'ouvrage étaient dues à la reine Mathilde, épouse de Guillaume le Conquérant; il est aussi impossible d'affirmer qu'elle lui fut étrangère, que de dire qu'elle a elle-même brodé la toile.

Le mot « tapisserie » est ici utilisé mal à propos. Les Allemands parlent de tapis *(Teppich),* les Anglais de *Tapestry.* Tapis, toile, tapis-

---

1. Voir p. 136, la référence de l'article de Werckmeister, qui contient cette liste.

serie, broderie, cela importe peu; ce long ruban constitué de 8 morceaux, dont chacun a une longueur qui varie de 8 à 13 m, se présente comme une bande dessinée ininterrompue, encadrée de 2 bordures ornementales. Le nombre de personnages, d'animaux, d'objets divers qui s'y trouvent est prodigieux et impressionnant, étant donné l'ampleur du travail exigé. Le dessin et sa réalisation dénotent chez l'artiste qui a conçu et réalisé cet ouvrage une imagination et une vision peu habituelles, qui rappellent à l'esprit la fameuse colonne Trajane, où furent sculptées deux expéditions de l'empereur Trajan contre les Daces (101-102 et 105-106 ap. J.-C.).

Les historiens se sont beaucoup interrogés pour connaître l'origine et la raison d'être de la Tapisserie; dans leur enquête, ils se heurtent à l'insuffisance de la documentation, car s'ils connaissent bien le contexte historique de la conquête, ils ne possèdent aucune indication concernant la réalisation de la Tapisserie. C'est pourquoi de nombreuses hypothèses ont été avancées à propos de la date et du réalisateur de la Tapisserie. On admet pourtant aujourd'hui qu'elle fut brodée à la fin du XIe siècle et que l'évêque Eudes de Bayeux en prit l'initiative. Dans quel but? La question reste posée. Sur bien des points, l'enquête n'est pas close. De nouvelles hypothèses peuvent être proposées; la structure du récit doit être examinée, la Tapisserie n'a pas livré tous ses secrets.

A dates régulières, la reproduction de la Tapisserie et son commentaire sont livrés au public. L'amélioration des techniques de reproduction a permis d'améliorer à chaque fois la présentation. Après A. Levé en 1909, F. Stenton a réuni plusieurs érudits pour commenter la Tapisserie dans un ouvrage, traduit en plusieurs langues et vite épuisé. S. Bertrand, qui a eu durant de longues années la charge de conserver ce monument, a publié son commentaire dans la collection de La Pierre qui vire. Plus récemment, Mogens Rud a repris le même propos dans *La Bataille du pommier gris*. Le musée de la Tapisserie met à la disposition de ses visiteurs un dépliant qui permet d'avoir en continu la représentation intégrale de la Tapisserie au septième de sa grandeur.

L'étude qui va suivre se démarque des précédentes sur deux points : elle comprend une illustration faite des dessins primitifs du récit, sans les couleurs, dessins qui permettent une analyse plus attentive du récit et de son aspect documentaire; elle entend, en second lieu, analyser la structure et le mouvement du récit à la lumière de la technique cinématographique. Cette « bande dessinée », comme on a l'habitude de le dire, est beaucoup plus que cela; elle enchaîne les scènes, par grands épisodes, d'une façon tout à fait originale.

Les deux propos que je viens de définir ont commandé la réalisation de ce travail. J. Thouvenin a redessiné entièrement la Tapisserie, scène par scène, et a fourni du même coup la matière du commentaire de détail. La reproduction intégrale en couleurs a été ajoutée de telle manière que le lecteur puisse retrouver une continuité qui est ici fondamentale. Chacun pourra, de son plein gré, commencer par « relire » la broderie, dans l'exposé du chapitre premier, ou se reporter d'emblée à la présentation des conditions historiques et techniques qui ont présidé à l'élaboration du chef-d'œuvre (chapitre deuxième). La partie documentaire a seulement pour but d'éclairer autant que faire se peut l'aspect historique du sujet, de répondre à quelques questions sur la civilisation de la fin du XIe siècle.

Depuis des décennies, les études de détail de la Tapisserie vont bon train : tel s'intéresse aux bateaux, tel autre aux maisons, tel encore aux armures. Beaucoup cherchent à percer quelques mystères, dont le plus chargé d'ombre est le groupe du clerc et d'Aelfgyva (scène 15). Il n'était pas indispensable, selon moi, de faire la longue liste des hypothèses émises par les uns et les autres sur l'origine, la date, le but de la Tapisserie, le sens et la valeur de tel ou tel épisode. En l'état actuel des choses, les hypothèses ne peuvent se transformer en certitudes, les nôtres pas plus que celles de nos prédécesseurs. Ce qu'en revanche il faut retenir plus que tout, c'est le génie de l'« inventeur », l'art du « réalisateur », la vision du « compositeur » et se laisser conduire par l'imagination au gré des courses et des pauses, d'Angleterre en Normandie, de Normandie en Bretagne, de Bayeux à Hastings, s'installer, avant l'heure, en spectateur d'un film muet.

1. Le récit en images

La Tapisserie de Bayeux se présente comme une suite de courtes scènes qui, tantôt se chevauchent l'une l'autre, tantôt sont nettement séparées, la coupure étant parfois matérialisée par un arbre. Les scènes ont été autrefois numérotées par des chiffres brodés au-dessus d'elles; elles sont ici présentées avec la même numérotation pour éviter toute confusion. Le texte latin, brodé lui aussi, n'a pas été reproduit, mais seulement donné en traduction et imprimé en caractères gras. Le commentaire se borne au minimum.

Voici donc l'histoire que nous raconte la Tapisserie, scène après scène, texte et dessins.

1. Le roi Édouard

Le récit commence par une entrevue entre le roi d'Angleterre Édouard le Confesseur et le « duc » Harold, assisté d'un conseiller ou d'un parent. Harold reçoit mission d'aller sur le continent rendre visite au duc Guillaume de Normandie pour lui transmettre un message. La scène prend place dans une salle du palais royal, vraisemblablement à Londres.

2. Où Harold duc des Anglais et ses soldats chevauchent vers Bosham
Précédé de sa meute et portant sur le poing son oiseau de proie familier, Harold, monté sur un cheval sombre, part avec cinq compagnons
pour le village de Bosham d'où il va s'embarquer pour le continent.

3. Une église
Un petit bâtiment, qui est une église sans le chœur, présentée de
flanc, accueille les voyageurs pour une prière propitiatoire. Après la
prière, le repas. Harold et ses compagnons prennent leur repas au
premier étage d'une maison riche. Ils mangent, bavardent, boivent,
mais déjà un homme les presse de s'embarquer.

4. Ici Harold s'embarqua sur la mer
Retroussant leurs vêtements et portant leurs animaux familiers, les

voyageurs montent dans une barque qui doit les conduire de la côte à un bateau plus important. A l'aide de gaffes et de rames, ils s'éloignent du rivage.

5. Et les voiles gonflées par le vent, il est arrivé sur la terre du comte Gui

Le premier bateau à gauche représente le départ. Harold est au gouvernail. A l'avant un marin tâte le fond de l'eau ou cherche à éviter les écueils. La voile est gonflée par le vent. Le bateau de droite représente le moment du débarquement. La vigie a signalé la côte, une cordelette sonde le fond et de nouveau les gaffes cherchent les rochers. A l'avant, un marin s'apprête à jeter l'ancre.

6. Harold

Cette brève image représente le duc Harold seul à la tête de son bateau échoué ; les autres ont sauté à terre dès que l'ancre a été jetée, comme on le voit avec l'individu qui s'avance habits retroussés.

7. Ici Gui a saisi Harold

Le comte Gui (de Ponthieu) est à cheval au centre de l'image, assisté de quatre cavaliers armés de la lance et du bouclier. Un sergent se saisit d'Harold sur un ordre du comte, qui s'exprime par le doigt tendu. Harold est assisté du même individu qu'on voyait dans l'eau au dessin précédent.

8. Et il l'a conduit à Beaurain et l'y a détenu

La petite troupe de Gui et d'Harold se dirige vers un château du comte à Beaurain. Harold est en tête ; il se reconnaît à son manteau et à sa moustache. Derrière lui viennent Gui et cinq cavaliers.

9. Où Harold et Gui discutent

Dans une résidence schématisée par une voûte, le comte Gui, assis sur un large siège, l'épée levée, assisté d'un conseiller, parle avec autorité à Harold qui a retiré son baudrier. Une petite troupe se tient à peu de distance; elle mêle Anglais devant, l'épée mise à terre, et Français à la nuque rasée. Un homme est représenté à droite dans l'attitude d'un espion.

10. Où les messagers du duc Guillaume sont venus voir Gui. Turold.
Le comte Gui, appuyé sur une longue hache, conseillé par un homme armé d'une lance, écoute l'exposé des deux messagers du duc de Normandie. Ils ont mis pied à terre tandis qu'un personnage barbu, appelé Turold, tient leurs chevaux par la bride.

11. Les messagers de Guillaume
Deux cavaliers, armés de la lance et du bouclier, se dirigent à grande vitesse vers le château où Gui retient Harold prisonnier.

12. Ici un messager est venu auprès du duc Guillaume
Le duc de Normandie, épée relevée, assis sur un large siège, écoute un messager qui lui expose la situation d'Harold. Déjà deux hommes armés d'une lance s'apprêtent à partir. Ce sont les messagers qu'on voit à la scène précédente.

13. Ici Gui a conduit Harold à Guillaume duc des Normands
Au centre, le comte Gui montre de la main droite au duc Guillaume qui lui fait face Harold qui le suit. Quatre soldats de Gui accompagnent le duc anglais. A droite, Guillaume accueille la troupe, bras tendu comme Gui; il est lui aussi accompagné de cavaliers dont le dernier montre la direction que l'on va emprunter.

14. Ici le duc Guillaume vient à son palais avec Harold
Le duc normand précède Harold, qui porte son oiseau familier, et deux cavaliers; devant eux courent deux chiens. Un homme accueille

les voyageurs à l'entrée d'une tour qui symbolise une ville ou un palais. L'image suivante représente une discussion entre le duc Guillaume et Harold. Le seigneur normand, assisté d'un conseiller et appuyé sur son épée, la pointe posée à terre, siège en maître. Harold s'explique avec force gestes et prend à témoin ses compagnons. Si l'on en juge à leur nuque rasée, les trois soldats qui se tiennent devant lui seraient des Normands.

15. Où un clerc et Aelfgyva ...

Cette phrase incomplète a permis toutes les interprétations. Un clerc reconnaissable à sa tonsure et désigné de ce nom par le texte touche ou frappe une femme placée dans un encadrement de deux colonnes. Il y aurait là une allusion à des fiançailles de Harold avec la fille de Guillaume.

16. Ici le duc Guillaume et son armée sont venus
au Mont-Saint-Michel

Avec cette scène on assiste au départ de Guillaume pour la guerre. Le but est l'abbaye du Mont-Saint-Michel représentée en haut de l'image. Le duc est figuré par cette sorte d'arlequin, armé d'un bâton de commandement; derrière lui, trois cavaliers représentent l'armée; une lance est ornée d'un gonfanon. Deux soldats avec lance et bouclier, mais sans armure, suivent à quelque distance.

17. Et ici ils ont franchi la rivière du Couesnon. Ici le duc Harold tirait ceux-ci des sables

Au moment de la représentation du passage d'une rivière, une scène illustre le courage de Harold : armé de son bouclier, il porte sur son dos un soldat et en tire un autre des sables mouvants. Derrière c'est un peu la confusion : un cheval a trébuché, projetant son cavalier dans l'eau; trois soldats portent leur écu au-dessus de leur tête; un cavalier se tient en amazone, prêt à sauter dans l'eau.

18. Et ils sont venus à Dol et Conan prend la fuite. Rennes

Une troupe de cavaliers au galop, lance prête au jet, se dirige vers le château de Dol qu'on voit figuré sur sa motte : d'une tour carrée,

Conan, duc de Bretagne, s'échappe en hâte grâce à un cordage.
La troupe des attaquants se dirige alors vers Rennes où, sans doute,
s'est réfugié Conan (deuxième assaut).

**19/20. Ici les soldats du duc Guillaume combattent contre les
Dinantais. Et Conan a tendu les clés**
- A droite, la grosse place forte de Dinan remplie de soldats qui
lancent des javelots et dont deux assiégeants tentent d'incendier la
palissade extérieure. L'assaut est représenté par quatre cavaliers au
galop qui projettent leur lance.
- Scène symbolique : la remise des clés de Dinan au duc Guillaume
ou à son représentant par le duc Conan qui s'avoue donc vaincu.

21. Ici Guillaume a donné des armes à Harold
Scène capitale où l'on voit le duc Guillaume donner à Harold des armes (sa main gauche touche le casque) dans un geste qu'on assimile à tort à la colée du chevalier, à l'adoubement.

22. Ici Guillaume est venu à Bayeux
Après le cadeau de remerciement fait à Harold sur le champ de bataille, Guillaume rentre à Bayeux, figurée comme une ville importante. Sans doute peut-on voir Harold dans l'un de ses suivants.

23. Où Harold a fait serment au duc Guillaume
A gauche, Guillaume siège en position d'autorité : doigt tendu, épée

dégainée et dressée. Devant lui, Harold a placé ses mains sur deux reliquaires et prête serment : on ne sait exactement pour quoi. Il importe surtout que le spectateur comprenne l'état de dépendance du prince saxon. A droite, il y a un témoin du côté anglais ; à gauche, deux autres du côté normand.

24. Ici le duc Harold est retourné sur la terre anglaise

A gauche un homme assure la transition avec la scène précédente. Le bateau d'Harold approche de la côte anglaise ; là, d'une loggia en avant d'une tour, un homme regarde au loin, quatre autres regardent par les fenêtres. Puis Harold, avec un compagnon, chevauche vers Londres.

25. Et il est venu auprès d'Édouard

Harold, dans une attitude pleine d'humilité, voire d'inquiétude, se tient devant Édouard, qui porte sceptre et couronne. C'est le compte rendu du voyage.

26. Ici on porte le corps du roi Édouard à l'église Saint-Pierre

Cette image représente l'église Saint-Pierre de Westminster, qui vient d'être achevée (un charpentier monte un coq sur le toit) et consacrée (la main de Dieu est au-dessus d'elle).

Un cortège funèbre se dirige vers l'église. Huit hommes portent le lourd cercueil qu'accompagnent deux enfants agitant des clochettes, et une suite de clercs et de laïcs. Peut-être faut-il voir au premier rang l'archevêque avec une petite crosse à la main et Harold qui porte un manteau.

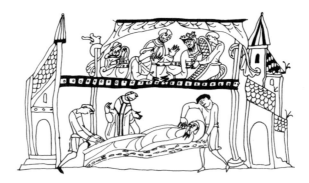

27/28. Ici le roi Édouard dans son lit parle à ses fidèles.
Et ici il est mort

Disposition curieuse de deux scènes successives : en haut, Édouard sur son lit de mort, rideaux attachés aux colonnes, assisté d'un clerc, d'un serviteur, d'Harold (?) agenouillé devant lui, et de son épouse (?) en pleurs au pied du lit. En bas, le roi est mis dans un linceul par deux serviteurs, en présence du prêtre qui l'a béni.

29. Ici ils ont donné à Harold la couronne royale

Harold, portant une hache de son bras gauche, reçoit de deux hommes une hache et une couronne. Cela symbolise son élection au trône.

30/31. Ici siège Harold, roi des Anglais (Stigant archevêque)

Sur le trône royal, Harold avec sceptre et globe, portant couronne, reçoit l'hommage de deux fidèles. L'archevêque Stigant de Canterbury assiste à la scène. Un groupe de spectateurs regarde la scène.

32. Ceux-ci regardent l'étoile avec étonnement

Quelques curieux regardent la comète qui traverse le ciel : elle est un signe de malheur.

33. Harold

Le dessinateur représente ici le roi des Anglais à qui un homme rapporte quelque nouvelle. Les barques de la bordure inférieure évoquent l'arrivée d'une flotte : c'est ce qu'Harold apprend de son interlocuteur.

34. Ici un navire anglais est venu sur la terre du duc Guillaume
Les dispositions habituelles de la représentation du bateau se retrouvent ici : voile gonflée de vent, gouvernail, ancre. Cette scène de transition nous permet de passer au-delà de la Manche, d'Harold à Guillaume.

35. Ici le duc Guillaume a donné l'ordre de construire des navires
A gauche l'informateur anglais de Guillaume renseigne ce dernier sur

les derniers événements survenus en Angleterre ; celui-ci se tourne vers son conseiller habituel, l'évêque Eudes, qui indique la voie à suivre : construire une flotte et débarquer. Un charpentier est venu prendre les ordres et s'apprête à les faire exécuter. Des arbres sont abattus, des troncs équarris pour faire des planches, enfin des bateaux sont construits en grand nombre.

36. Ici ils tirent les bateaux à la mer
Une fois construits, les navires sont tirés jusque sur le sable au moyen de cordes et d'une poulie fixée sur un poteau.

37. Ceux-ci portent des armes aux bateaux et ici ils tirent un chariot avec du vin et des armes
Voici les préparatifs de l'embarquement ; on transporte jusqu'à la rive des armements complets (hauberts, heaumes, lances, épées) et de la nourriture (boisson, sacs).

38. Ici le duc Guillaume a traversé la mer en une longue navigation et il est arrivé à Pevensey

La troupe à son tour s'embarque. Quatre bateaux lourdement chargés d'hommes et de chevaux, au premier plan, et deux petits, au second, symbolisent la gigantesque flotte de débarquement. La traversée se fit, de nuit, du 28 au 29 septembre 1066. Puis quatre navires, très proches l'un de l'autre, arrivent en vue de la côte. Le plus important est la Mora, vaisseau ducal, orné d'une poupe originale et d'une proue particulièrement haute, avec un fanal en haut du mât.

39. Ici les chevaux sortent des bateaux
Le mât est abattu, les chevaux sortent difficilement des bateaux.

40. Et ici les soldats se hâtèrent vers Hastings pour prendre de la nourriture
Abandonnant les barques sur le sable, les cavaliers d'avant-garde se précipitent dans la campagne pour chercher de la nourriture et du fourrage.

41. Voici Wadard
Au centre, ce cavalier, appelé Wadard, donne des ordres, surveille le ramassage de la nourriture, la capture des animaux des paysans dont

les cabanes sont dessinées au fond : un homme traîne un mouton, un autre abat un bœuf, un troisième apporte un pain et un quatrième un porcelet sur son épaule ; à droite, un sommier chargé de sacs est amené par un quatrième.

42. Ici on cuit de la viande et ici les serviteurs ont servi
Scène de cuisine de campagne. A gauche, c'est la cuisson de brochettes ; une marmite chauffe sur un brasero. A droite, un boulanger sort des pains du four.

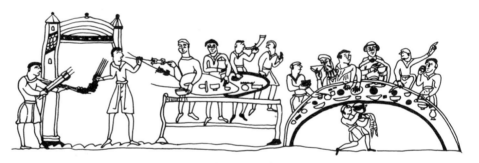

43. Ici ils ont préparé le repas et ici l'évêque bénit la nourriture et la boisson
Des serviteurs se passent les brochettes qu'on dépose sur le buffet. Sur une table, les serviteurs disposent le repas : l'un recueille les brochettes, un autre sonne du cor pour appeler à table, un troisième s'apprête à servir, un quatrième, serviette sur le bras gauche, apporte un plat (ou une aiguière d'eau ?) aux convives. A la table, en demi-cercle, se tiennent les chefs où se reconnaît l'évêque Eudes, qui bénit un pain et s'apprête à manger un poisson ; à sa droite, Guillaume ; à sa gauche, Robert qui, déjà, appelle à l'action.

44. L'évêque Eudes, Guillaume, Robert
C'est dans cet ordre que siègent en conseil les trois frères avant le combat. Le duc, épée tournée vers le haut, manifeste son pouvoir. L'évêque paraît le plus disert; Robert attend les ordres.

45. Celui-ci a ordonné qu'un château fût creusé à Hastings. Le camp
A gauche, Robert dirige les opérations de construction. D'abord il rassemble les ouvriers qui portent pelles et pioches. Puis il fait travailler les terrassiers pour préparer le camp retranché.

46. Ici on a donné à Guillaume des nouvelles de Harold
Le duc écoute le rapport d'un informateur sur les mouvements de l'armée de Harold.

47. Ici on incendie une maison
Scène de guerre : une maison est brûlée, à l'emplacement du champ de bataille, une femme et un enfant doivent quitter leur demeure.

47 (fin). Ici les soldats ont quitté Hastings
Le texte ne correspond pas ici à l'image où l'on voit un seul chevalier à qui l'on amène son cheval. Il s'agit très vraisemblablement du duc en personne.

48. Et ils sont venus combattre contre le roi Harold
Une avant-garde au galop précède le gros de l'armée qui se met en marche. Les premiers ont abaissé leur lance que les seconds tiennent encore posée sur leur pied.

49. Ici le duc Guillaume demande à Vital s'il a vu l'armée d'Harold
Le duc Guillaume, le doigt tendu, suivi de l'évêque Eudes (tous deux portent un bâton de commandement), écoute une estafette qui tend le bras en arrière dans la direction d'où il vient. Du haut d'un monticule, deux cavaliers inspectent l'horizon.

50. Celui-ci donne au roi Harold des nouvelles de l'armée du duc Guillaume
Un Anglais, sur un monticule, a vu l'armée des Normands et il se retourne pour en faire part à Harold.

51. Ici le duc Guillaume parle à ses soldats pour qu'ils se préparent à combattre avec courage et sérénité contre l'armée des Anglais

La première phase du combat est représentée ici. A l'arrière, le duc Guillaume, bras tendu, donne des ordres et encourage la troupe. Une partie importante de l'armée est déployée. A l'avant, un bataillon de chevaliers est en train de s'élancer derrière deux porte-enseigne; au centre se trouvent les archers; devant, l'attaque est menée par des

cavaliers lancés au galop, qui projettent leur lance (l'un d'eux la prend sous le bras selon une nouvelle technique).

L'infanterie anglaise fait bloc; quelques archers sont isolés au milieu de combattants armés et cuirassés comme des chevaliers. Un autre bataillon de Normands intervient de l'autre côté pour prendre en tenailles l'armée anglo-saxonne. Déjà le champ de bataille commence à être jonché de cadavres.

52. Ici sont tués Lewine et Gyrd, frères du roi Harold
53. Ici sont tués en même temps Anglais et Français

Du haut de la colline où sont retranchés les soldats de Harold, les traits pleuvent sur les hommes et les chevaux qui tombent dans le fossé creusé pour les arrêter.

54/55. Ici l'évêque Eudes, tenant son bâton, réconforte les jeunes. Voici le duc Guillaume. Eustache

L'évêque, brandissant son bâton de commandement, tente de stopper la fuite de quelques jeunes soldats découragés par l'annonce de la mort de Guillaume. Au centre, le duc relève son casque pour montrer qu'il n'est pas mort et pour relancer l'attaque. C'est le porte-bannière Eustache qui le désigne du bras.

56. Ici les Français combattent et ceux qui étaient avec Harold sont tués

C'est la contre-attaque des Normands. On voit ici deux affrontements : un housecarle avec sa hache contre un cavalier avec son épée, deux fantassins dont l'un est désarmé.

57. Ici le roi Harold est tué

Moment crucial : Harold est blessé à mort par une flèche. A droite, un dernier combat marque la fin de la résistance des Anglais.

58. Et les Anglais ont pris la fuite

Cette scène a été restaurée avec peu de soin; on a le sentiment que nulle part le dessin n'est aussi maladroit. A cet endroit se pose la question de la fin du récit.

La fin du récit

La Tapisserie est aujourd'hui incomplète; elle l'était déjà au XVIIe siècle. Tout le monde le sait; reste à savoir ce qui pouvait être raconté dans les scènes manquantes. Une seule hypothèse est proposée; elle repose sur un poème de Baudri de Bourgueil.

Ce clerc poète, qui devint archevêque de Dol en 1107, après avoir été pendant vingt-huit années abbé de Bourgueil, mourut en 1130. Parmi toutes ses œuvres, se trouve un long poème adressé à la comtesse de Blois, Adèle, fille de Guillaume le Conquérant. Le thème de ces vers est la description de l'appartement de la comtesse, dont les murs sont ornés de tapisseries : les unes représentent la Genèse jusqu'au déluge, les autres des événements de l'histoire sainte de Noé aux rois de Juda, ou des scènes de la mythologie grecque. Le plafond laisse voir une constellation du ciel. Autour du lit se trouvait tendue une toile *(velum)* où apparaissaient des scènes de la conquête de l'Angleterre. Quelques-uns ont pensé que c'était la Tapisserie de Bayeux. D'autres ont remarqué à juste titre que la matière en était différente : soie, fils d'or et d'argent. En outre, le récit est différent, car il commence avec le passage de la comète, ne comprend pas tous les épisodes de la Tapisserie, et poursuit jusqu'au couronnement de Guillaume. Faut-il tenir compte de ce qui peut être considéré comme le fruit de l'imagination d'un poète? Il nous semble qu'il y a beaucoup plus que cela et que le témoignage de Baudri de Bourgueil doit être pris au sérieux.

Ce n'est pas notre Tapisserie qui se trouvait tendue autour du lit de la comtesse, ni même les 40 à 50 mètres de la seconde partie. Ce pouvait être une *copie* commandée par la comtesse, aux épisodes réduits, d'une matière plus riche et d'un décor plus éclatant. Rien ne dit même que les copistes aient reproduit les bordures et non pas seulement les scènes. Ce qui est important ici est l'intention de la comtesse : rappeler le souvenir de son père. Baudri souligne qu'Adèle est fille de roi ; il retrace son origine illustre, celle de sa mère Mathilde de Flandre *(regia nobilitas, nobile germen)*. Le duc, Guillaume, son père, est devenu un César ; il a défendu *jura paterna*, ses droits héréditaires. Pour Adèle, le récit de la conquête était un moyen de rappeler sa propre origine, la célébrité de ses parents. La copie, qu'elle exhibait autour de son lit, lieu de la procréation, l'endroit où on peut le mieux souligner l'importance de l'hérédité, retenait seulement quelques scènes capitales. Le lit devait comprendre quatre montants et un ciel de lit : la broderie en constituait le décor sommital et pouvait avoir une douzaine de mètres de longueur.

Que nous raconte Baudri ? Voici un résumé de son poème et des extraits de ce qui concerne les scènes perdues de la Tapisserie, qu'il présente ainsi :

« Un voile admirable tissé d'une triple manière et d'un art nouveau entoure le lit de la dame. La main de l'artisan avait à ce point dominé la technique qu'on croit à peine que c'est ce qu'on sait être. Viennent d'abord des fils d'or, suivent des fils d'argent, en troisième lieu il y avait toujours des fils de soie. Ainsi un soin subtil avait dominé les deux métaux, plus finement que je pense avoir jamais été. La toile tissée par une araignée n'était pas plus fine, ni plus délicate si jamais elle peut l'être. Pallas n'apprendrait pas à tisser plus finement si elle avait assisté les tisserands ; Arachné n'aurait pas préparé des formes d'un meilleur style si elle avait servi ici de maîtresse au travail. Y brillaient avec une distinction éclatante des pierres et des perles d'un grand prix. Enfin, l'éclat et la beauté de cette toile étaient tels qu'on dirait qu'ils surpassent la splendeur de Phébus. En outre, en lisant l'écriture des inscriptions, on peut passer en revue sur la toile les histoires vraies et nouvelles. »

Résumons à présent ce qui correspond aux parties conservées de la Tapisserie : la Normandie a donné naissance à Guillaume, qui a imposé son autorité. Une comète traverse le ciel; on tient conseil, Guillaume interroge les grands, puis explique qu'il est désigné pour régner sur l'Angleterre, qu'Édouard l'a choisi pour être son héritier, qu'un parjure lui a enlevé la couronne qui lui revient. Le duc veut défendre son droit, devenir roi; il décide de faire construire des bateaux, donne rendez-vous à ses hommes pour cinq mois plus tard. Une flotte est construite. Tout le monde se met au travail, trois mille navires sont fabriqués, les uns pour les hommes, les autres pour les chevaux, « *la nef royale dominait par sa proue dorée* ». Puis vient le départ; le peuple qui reste en Normandie est en larmes. « *Finalement, d'une rame calme, ils gagnent la côte.* » Guillaume s'adresse alors à la terre anglaise. La bataille commence, les Normands attaquent à coups de flèches. « *Les Normands simulent la fuite et fuient en faisant fuir* », puis ils interrompent leur retraite. Le bruit de la mort du duc court; Guillaume relève son casque et montre son visage, encourage les soldats, la contre-attaque se développe victorieusement. Voici le texte de Baudri, correspondant à la partie perdue de la Tapisserie :

« Une flèche mortelle par hasard perfore Harold : elle marque la fin d'un combat dont il était le responsable. Il avait ceint sa tête de l'or royal, il avait d'une main parjure outragé le sceptre. La foule des Anglais prend peur, Dieu même augmente leur peur et toute la légion soudain se met en fuite. Un tel peuple ne pouvait plus ensuite être rappelé, la troupe impétueuse fuit précipitamment. L'assaut qui s'abat en étouffe beaucoup, beaucoup périssent alors sous ses armes. Les armes causent du tort à tous; ceux qui le peuvent déposent leurs armes. Tel qui combattait alors s'en va en soldat désarmé. Bientôt lâchant les rênes, les Normands attaquent de dos les fuyards; les chevaux rapides en piétinent beaucoup. Le triomphe du moment excite les Normands, la mort du roi et la peur coupent le souffle aux Anglais... Mais par la miséricorde divine, la nuit interrompt le combat et le massacre, donne de l'espace aux Anglais et un refuge pour leur fuite. Aucune nuit ne fut plus opportune que celle-là pour les Anglais, par laquelle ils ont pu réfléchir à leurs maux. Pendant la nuit, ils gagnent tout refuge que le hasard leur offre, les uns occupent les grottes, les autres se glissent sous les buissons. La noblesse, bien que diminuée, occupe pourtant les villes et une population réduite fortifie les remparts clos. Déjà le jour était venu quand le duc fait apporter les insignes de la victoire et parle à ses hommes : ''Ô peuple uni, peuple toujours invaincu... Ce jour nous donnera la paix... Tandis que les vaincus chancellent, tandis qu'ils renversent leurs cous affaiblis, tandis que le reste du peuple erre sans roi, mettons-nous en route, allons vite vers les villes...''. L'armée ducale exhortée se met à la recherche de l'ennemi, les uns poussés par leur courage, les autres par leur amour pour le duc. Beaucoup sont certes retenus par la mort, peu le sont par les blessures, car ils cachent leurs blessures pour ne pas manquer le combat. Les maisons de l'autre parti résonnent de hurlements, aucun lieu n'est vide de larmes. Ni la femme, ni le jeune, ni le vieux ne manquent de pleurer, on ne discutait pas du salut de la patrie. Actif, le duc se hâte de poursuivre l'œuvre commencée. Les chevaux farouches hennissent, le combat amorcé éclate. Quelques-uns depuis le haut des tours s'écrient : voici l'ennemi. Les cœurs sont saisis d'angoisse, les membres sont raidis par la peur. Les armes manquent aux hommes, les hommes aux murailles, le chef fait à tous défaut. Il n'en est pas un pour ordonner aux hommes le rassemblement comme à l'habitude. Si les hommes avaient des armes, les murailles des guerriers et tous un chef, la peur elle-même perturberait tout. Que feront-ils? Le peuple blême fait semblant de renverser les murs, de brûler les maisons, de se suicider. Il juge pourtant honteux de se rendre aussitôt sans avoir d'abord discuté de paix. Ils ont enclos les murs comme ils ont pu. L'armée privée d'armes, les vierges, les vieillards, les enfants, doivent parler honorablement de la paix presque comme un peuple en guerre. Loin des murs, le duc parle aux grands :

''Essayons tout, car sera-t-il nuisible d'avoir tenté quelque chose? Proposons à la ville un pacte d'amitié. S'ils refusent le pacte, nous prendrons leurs armes avec plus de justice.'' Ainsi parle-t-il et il propose la paix et la sollicite. Les citadins acceptent la paix et la redonnent. La ville est ouverte, le duc est reçu par des visages joyeux. La province applaudit à ces citadins, loue leur attitude et accepte le duc pour roi. Le comte Guillaume de comte est devenu roi. L'étoile a été annonciatrice du sang versé. Le roi a obtenu le royaume, le duc a obtenu le duché et ainsi il a gagné le nom de César. Lui seul, durant sa vie, a tenu les deux fonctions, plus grand que tous les Césars et que les ducs. Aucun des ducs n'est meilleur, il n'y a pas de roi plus puissant. Un roi portait la couronne, un duc a porté les armes du duc. Les richesses du roi, sa gloire, ses combats, ses triomphes pouvaient chacun être vus et lus sur la toile. J'aurais cru que les figures étaient vraies et vivantes, si la chair et les sens n'avaient manqué aux images. Les lettres indiquaient les faits et les figures pour que celui qui voit lise, s'il en est capable. »

Si l'on suit le récit de Baudri, les scènes montrées étaient les suivantes : le passage de la comète, le conseil et la décision de construire les navires, la construction de la flotte, l'embarquement, le débarquement, le combat avec la scène de reconnaissance de Guillaume, et la contre-attaque, la fuite des Anglais, puis pour finir, l'attaque d'une ville et le couronnement royal de Guillaume. Le poète a beaucoup enjolivé le récit, inventé des discours, commenté les images à sa manière, mais on retrouve bien le déroulement de la seconde partie de la Tapisserie, complété, et cela est capital pour nous, par les deux scènes qui ont disparu. Cette fin de récit correspond parfaitement à ce qu'a pu imaginer le scénariste de l'histoire. Pour cela, le récit de Baudri doit être considéré comme une source d'information complémentaire et indispensable pour la Tapisserie. C'est bien le même schéma que suivent aussi Guillaume de Poitiers, qui écrit en 1073-1074, et Orderic Vital qui s'inspire de lui cinquante ans plus tard.

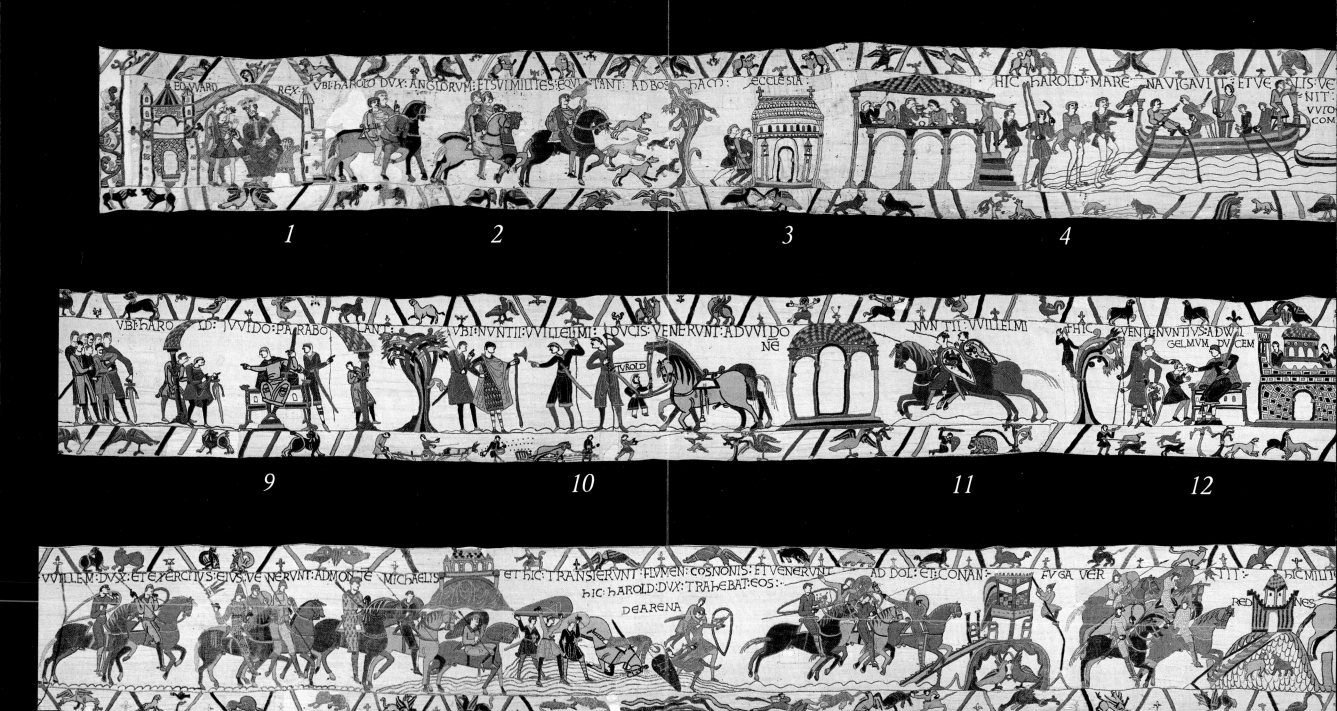

1   2   3   4

9   10   11   12

16   17   18

Harold, ambassadeur du roi d'Angleterre Édouard, part pour la Normandie ; il est capturé par le comte de Ponthieu.

Harold est libéré et accueilli par le duc de Normandie, Guillaume.

Harold et Guillaume font une campagne en Bretagne ; Harold prête serment à Guillaume.

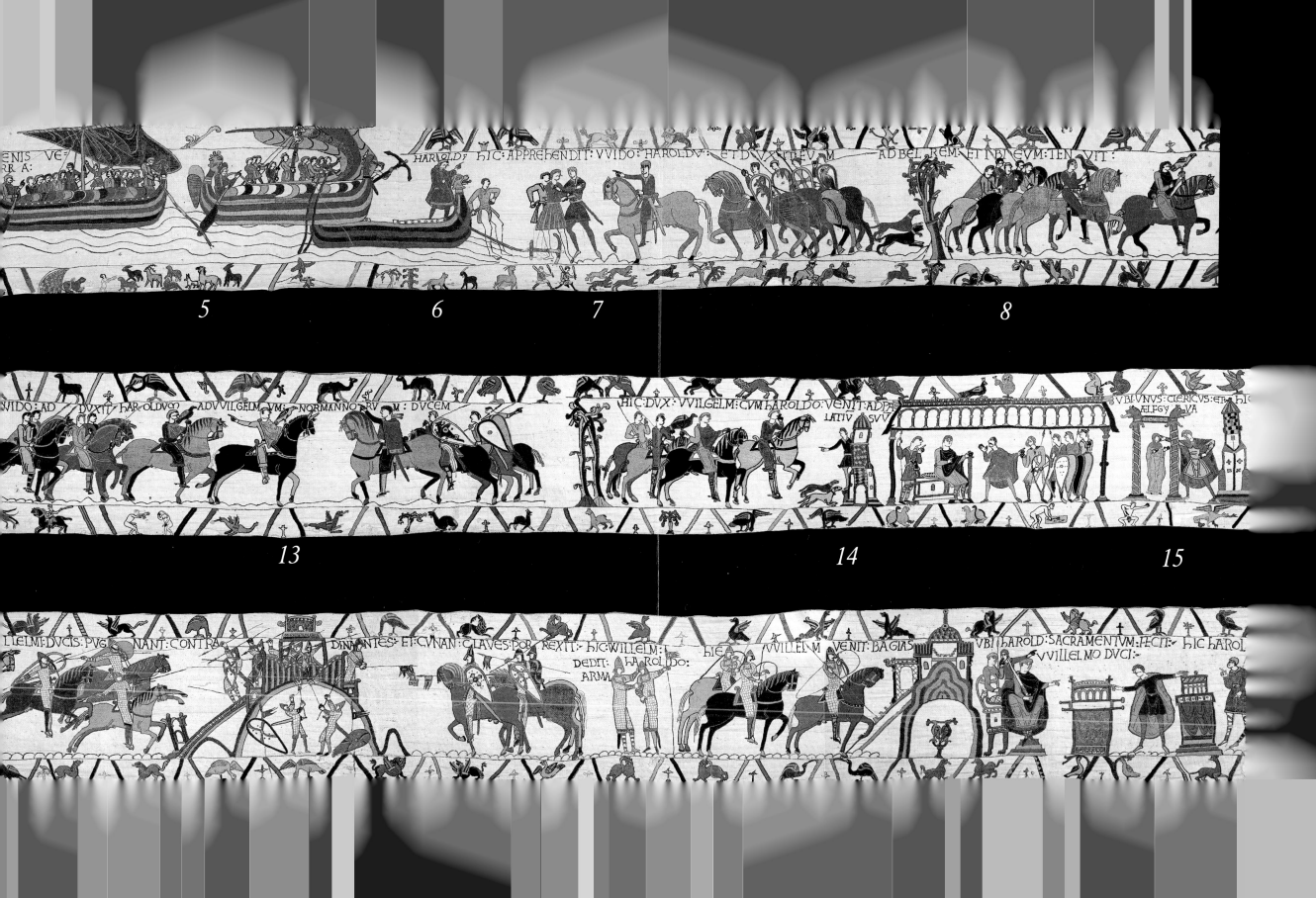

HAROLD: HIC: APPREHENDIT: VVIDO: HAROLDU: ET DUXIT EUM: AD BELREM: ET IBI EUM: TENUIT:

ENIS VE
RRA:

5 6 7 8

WIDO: AD DUXIT HAROLDU AD VVILGELM: NORMANNORUM: DUCEM HIC DUX: VVILGELM: CUM HAROLDO: VENIT AD PALATIU SUU VBI VNUS: CLERICUS: ET AELFGYVA

13 14 15

LLELMI: DUCIS: PUGNANT: CONTRA DINANTES: ET CUNAN: CLAVES POR REXIT: HIC WILLELM: DEDIT HAROLDO: ARMA HIC VVILLELM VENIT BAGIAS VBI HAROLD SACRAMENTUM: FECIT HIC HAROL VVILLELMO DUCI:

2. Lecture de la tapisserie

La Tapisserie de Bayeux raconte l'affrontement décisif de deux hommes, les chefs de deux pays voisins, Normandie et Angleterre, destinés à être placés longtemps sous une souveraineté unique. Pourquoi le besoin a-t-il été ressenti de rapporter dans ses grandes lignes l'histoire de leur querelle? Que nous apprennent de ces événements les historiens, anciens et récents? Dans quelle mesure le récit de la Tapisserie leur est-il conforme? Comment l'artiste a-t-il conçu sa tâche? Autant de questions auxquelles l'examen de ce monument artistique invite à chercher des réponses.

1. Normandie et Angleterre face à face : Guillaume contre Harold

Au début du XIe siècle, l'Angleterre est placée sous le gouvernement de rois saxons qui se succèdent de père en fils depuis deux siècles et qui règnent sur la plus grande partie de cette île. Le duché de Normandie a, pour sa part, moins d'un siècle d'existence, mais il est parfaitement organisé grâce au dynamisme et aux capacités politiques des descendants de Rollon, ce Viking qui a obtenu du roi de France Charles le Simple la terre qui sera dite Normandie. Le roi anglais Aethelred est marié à Emma, la sœur du duc de Normandie Richard II, et prépare ainsi la future réunion des deux États; en même temps, la politique suivie par ce même souverain annonce les troubles du demi-siècle à venir.

Le massacre des Danois résidant en Angleterre, commandé en 1012 par Aethelred, provoque une violente réaction du roi du Danemark Svend à la Barbe Fourchue, qui attaque le royaume d'Angleterre et parvient à chasser et à tuer Aethelred en 1013, contraignant du même coup sa veuve Emma à se réfugier en Normandie avec ses deux fils, Édouard et Alfred. A la mort de Svend en 1014, son fils Knut règne à la fois sur le Danemark et l'Angleterre. Veuf d'une première épouse qui lui a donné un fils Harald, surnommé Pied de Lièvre, il légitime son pouvoir en faisant revenir Emma; celle-ci, redevenue reine d'Angleterre, lui donne un fils appelé Hartaknut. Le royaume d'Angleterre connaît la paix jusqu'à la mort de Knut survenue en 1035. Le défunt a choisi son successeur en la personne d'Hartaknut, alors élevé au Danemark. En réalité, ce dernier ne peut rallier la grande île avant 1040 et, durant cinq années, son demi-frère Pied de Lièvre gouverne à sa place.

En 1036, Alfred, fils cadet d'Emma et d'Aethelred, a tenté de conquérir le royaume de son père; il a échoué et, au cours de l'opération qui eut lieu cette année-là, le comte anglais Godwin a joué un rôle important en provoquant l'échec et la mort d'Alfred. Finalement en 1040, Hartaknut peut gagner l'Angleterre et régner en personne; il meurt en 1042, âgé seulement de 24 ans, ayant désigné pour lui succéder son demi-frère Édouard, qu'il a fait venir de Normandie. Édouard, dit le Confesseur, va régner sur l'Angleterre de 1042 à 1066.

Durant cette période, dans le duché normand, la situation était confuse. L'année où Knut meurt, le duc Robert Ier part pour la Terre Sainte, laissant pour successeur un enfant de 7 ou 8 ans, Guillaume, dit le Bâtard, qui grandit en cachette en raison de l'hostilité d'une partie de l'aristocratie normande. Il vit alors en compagnie de son cousin Édouard qu'il voit en 1041 partir pour l'Angleterre. En 1047, Guillaume directement menacé par certains grands de Normandie, mais soutenu par le roi de France, prend la tête d'une armée et vainc ses adversaires à la bataille de Val-ès-Dunes, gagnant ainsi autorité et sécurité dans son duché, qu'il s'attache en quelques années à réorganiser et à renforcer. En 1051, il rend visite au roi Édouard en Angleterre et c'est alors sans doute qu'il reçoit de lui la promesse d'être son successeur.

Édouard, à qui sa piété a valu la canonisation, se trouve lui aussi face à l'activité ambitieuse d'une fraction de l'aristocratie anglo-saxonne et surtout de la famille du comte Godwin. Celui-ci a déjà joué un rôle important sous le règne de Knut; il a épousé une Danoise de grande famille, parente du roi, et en a eu sept garçons et deux filles, dont l'une, Édith, a épousé le roi Édouard. Godwin prend à la fin de sa vie une place excessive et, alors qu'il est septuagénaire, il dirige, après un exil d'une année en Flandre, une expédition contre le souverain anglais, puis il fait sa soumission. A sa mort, ses fils détiennent les plus importants comtés du pays : Harold tient le Wessex, Lewine (Leofwin) la région de Londres, Toste (ou Tostig) la Northumbrie, Gyrd l'Est-Anglie. Toste, marié à la fille du comte de Flandre, Judith, dont la sœur Mathilde est duchesse de Normandie, est le plus ambitieux et le plus dangereux. Victime d'une révolte de ses administrés en 1063, il est banni par le roi avec l'accord de son frère Harold, alors très influent. En 1064, Harold est envoyé par le roi en ambassade en Normandie auprès du duc Guillaume, sans doute pour confirmer l'intention du souverain de faire de ce dernier son successeur sur le trône d'Angleterre, comme cela aurait été promis en 1051. Harold passe en Normandie l'hiver 1064-1065, puis revient à la cour de Londres. Édouard meurt le 6 janvier 1066. Aussitôt Harold s'empare de la couronne, sans attendre ni solliciter la réunion des grands de son pays, si l'on en croit les historiens normands, ou bien il la reçoit des nobles anglais, si l'on en croit la version des chroniques insulaires.

Harold doit défendre son royaume contre deux adversaires. Le premier à se manifester est Harold le Sévère, roi de Norvège, sollicité par Toste, le frère d'Harold. En même temps, Harold a appris que le duc Guillaume fait construire et rassembler une flotte pour amener son armée dans l'île et l'affronter. Contre le Normand, le roi organise la défense côtière en mobilisant les paysans. En vain, puisque la flotte préparée par Guillaume et massée à l'embouchure de la Dives ne peut s'embarquer, les vents étant défavorables.

Au mois de septembre 1066, les troupes du roi de Norvège débarquent en Northumbrie et y font de nombreux ravages. Harold se dirige en hâte vers lui et une grande bataille a lieu le 20 septembre 1066 à Stamford Bridge; le roi anglais est vainqueur, et il reprend à peine son souffle qu'il apprend, dix jours plus tard, que le duc

Guillaume a débarqué à Pevensey, dans le Sud du pays. La situation d'Harold devient tragique. Lassés d'attendre en vain un envahisseur qui ne venait pas, les paysans, démobilisés, ont rejoint leurs villages pour faire les récoltes et la place était libre, les côtes dégarnies. La flotte de Guillaume a attendu pendant deux mois les vents favorables ; elle s'est seulement déplacée vers le Nord et l'embouchure de la Somme. Finalement la traversée a eu lieu dans la nuit du 27 au 28 septembre.

Harold revient du Nord à marches forcées avec une armée réduite et des troupes fatiguées. Le vendredi 13 octobre, il se trouve tout près de l'armée normande, au nord de Hastings. La bataille a lieu le lendemain. Les Anglo-Saxons, bien campés sur une éminence, l'emportent longtemps et résistent avec bonheur aux assauts de la cavalerie normande. Celle-ci commence à battre en retraite ; l'annonce de la mort de Guillaume provoque même un début de débandade, quand l'évêque de Bayeux, Eudes, demi-frère du duc, arrête les fuyards et fait montrer que le duc est encore vivant. Au moment de cette fuite, les Anglais avaient quitté leur position favorable ; ils ne peuvent résister à la contre-attaque normande et sont à leur tour mis en fuite. Au début de la bataille Harold avait perdu ses deux frères, les comtes Leofwin et Gyrd, tués en combattant ; lui-même est tué à son tour, et sa mort achève de désorganiser l'armée anglaise.

Dans les deux mois qui suivent la victoire, Guillaume prend lentement possession du Sud de l'Angleterre, occupe et soumet les villes, rallie l'aristocratie, puis parvient à Londres où il est couronné roi à Noël. Voilà l'histoire de la conquête de l'Angleterre, telle qu'elle s'est déroulée. Voyons à présent ce que rapporte à ce sujet la Tapisserie de Bayeux.

2. Une œuvre de propagande

L'inventaire du trésor du chapitre cathédral de Bayeux désigne la Tapisserie sous le nom de « Telle (ou Toile) de la conquête ». L'idée qui domine est donc celle de la conquête de l'Angleterre par le duc Guillaume ; cette idée l'emporte, car on y voit à longs traits le récit de la bataille d'Hastings, qui a été le point culminant de la conquête et s'est soldée par la mort du roi Harold. Il est possible, sans peine aucune, de remettre en question cette façon de voir.

La lecture de la Tapisserie, scène après scène, conduit à parler d'abord et surtout d'Harold. En chiffre absolu, il est plus souvent cité que Guillaume : 21 fois contre 19 ; surtout c'est lui qui apparaît en premier et dont l'auteur entreprend de rapporter les aventures : Harold a reçu une mission de son roi ; il part sur le continent, est fait prisonnier, est libéré par le duc, l'accompagne dans une expédition contre le duc de Bretagne, fait serment, rentre en Angleterre, puis devient roi. C'est alors seulement, on est à la moitié du récit, que Guillaume vient au premier plan. Jusque-là il est cité sept fois comme personnage agissant et trois fois de façon allusive (ex. *Les soldats de Guillaume*) ; Harold intervient quinze fois : treize fois nommément et deux fois par l'intermédiaire du pronom personnel *(eum)*.

Si la première partie du récit concerne Harold au premier chef, en est-il de même dans la seconde ? Partiellement oui, car c'est l'histoire de sa punition : Guillaume, apprenant le couronnement d'Harold, monte une expédition punitive contre lui, débarque en Angleterre, le vainc à Hastings (et se fait couronner roi). On peut donc, à son gré, voir, à cet endroit, la relation de la conquête qui donne le beau rôle à Guillaume, ou la suite de la première partie avec la punition du parjure d'Harold.

L'expédition d'Angleterre avait pour but de donner au duc de Normandie le royaume que le roi défunt, Édouard, lui avait promis. Harold n'était qu'un ambassadeur, chargé de confirmer ce choix à Guillaume, à qui, au demeurant, il avait fait serment. En se faisant couronner roi, il avait trahi son serment ; parjure, il était coupable et susceptible d'être puni ; Dieu, pensait-on, chargea le duc de le punir et l'aida à vaincre à Hastings. La tradition du parjure s'est perpétuée dans les chroniques et les récits postérieurs. Baudri de Bourgueil, dans sa description de la Tapisserie d'Adèle de Blois, emploie l'adjectif en mettant dans la bouche de Guillaume les paroles suivantes :

« *Un parjure usurpe le diadème qu'il nous proposait ; lui-même a été*

envoyé vers nous; lui-même, de sa propre main, m'a fait serment;
lui-même a alors donné la foi qu'aujourd'hui il trahit. »

Un peu plus tard, alors que Guillaume vient d'effectuer la traversée
et qu'il met le pied sur la terre anglaise, il déclare :

« Terre, salut, si tu m'es favorable.
Un tyran parjure veut t'enlever à nous,
Coupable de parjure il nie ce qui nous est dû.
Qu'il nous soit donné de t'enlever au tyran parjure,
Que je puisse retirer nos droits au coupable de parjure.
Ô mon pays, je ne veux pas que soient ravagés tes champs.
Je serai un ennemi pour mes ennemis.
La paix soit avec toi, ô ma terre. »

Ainsi Baudri, répétant sans doute ce qui se disait couramment de son
temps, reprend-il vers après vers, comme un leitmotiv, le mot *parjure*
qui justifie l'action du duc Guillaume. Avant Baudri, Guillaume de
Poitiers ne s'expliquait pas autrement : *« violant son serment, il*
s'empara du trône par acclamation, grâce au soutien de quelques
iniques partisans[1] *».*

Parjure : voilà ce qu'on a vraiment lu dans la Tapisserie et compris
dans l'intervention de Guillaume. L'auteur de la Tapisserie s'est
donc attaché à montrer Harold dans une situation de culpabilité et
une position d'infériorité en plusieurs endroits : la tête basse, rentrée
dans les épaules devant le comte Gui et le roi Édouard, en train
d'écouter ou de se justifier devant Édouard et Guillaume en situation
de fidèle dépendant dans l'expédition de Bretagne : quand il reçoit
un cadeau ou fait serment. Celui que la Tapisserie appelle duc des
Anglais est dans une situation de non-autorité : ambassadeur d'un
roi, captif d'un comte, débiteur d'un duc.

Ce n'est pas un grand, maître de lui-même et de son destin. A peine
est-il devenu roi que la comète surgit dans le ciel, qu'on annonce la
construction d'une flotte de débarquement. Harold n'a pas la stature

---

1. 2ᵉ partie, I, p. 146-147 (voir bibliographie).

1

2

3

4

5

1 – Harold est mal à l'aise devant le comte Gui (sc. 9).

2 – Harold se justifie devant son roi. Remarquer son attitude gênée (sc. 25).

3 – Harold, à gauche, au premier plan, écoute les instructions du roi Édouard. (sc. 1).

4 – Harold explique au duc Guillaume la mésaventure qui lui est arrivée en Ponthieu. Ce sont des soldats normands qui sont à droite derrière lui et son compagnon (sc. 14).

5 – Menace représentée par la comète en haut, par la flotte qui se construit en bas : la situation du nouveau roi n'est pas très bonne. (sc. 33).

d'un roi comme Édouard, d'un futur roi comme Guillaume. Et surtout, il a juré. Juré quoi? Toutes les interprétations sont possibles. Faire serment devant quelqu'un, c'est spontanément se reconnaître son fidèle, son dépendant. Peu importe qu'il ait juré fidélité au duc simplement, ou juré de conserver au duc le trône d'Angleterre comme on tend à le penser. Aux yeux du spectateur, le résultat est le même. Harold jure puis devient parjure : il sera puni.

Harold peut être vu parfois en situation moins péjorative aussi : ici il chevauche fièrement avec ses compagnons et se distingue d'eux (manteau, faucon); là il est seul visé par l'opération-pirate du comte Gui, est ambassadeur d'un roi, fait l'objet de l'attention de Guillaume, est invité à l'assister dans une expédition militaire où il se comporte vaillamment, est récompensé par le duc : enfin il est choisi pour roi par les Anglais. Mais il est difficile de mettre l'accent sur ces faits susceptibles de louange en faisant abstraction de ceux qui le montrent inférieur.

6

6 – Harold chevauche fièrement en tête de sa troupe (sc. 2).
7 – Harold précède Guillaume dans le voyage à Rouen (sc. 14).
8 – Harold a une fière allure de roi élu (sc. 29).

7

8

Relater le parjure de Harold ne pouvait avoir pour but que de justifier l'intervention de Guillaume et donc de légitimer sa conquête. Un tel procédé d'explication et de justification n'a rien de très nouveau. Il rejoint celui de la glorification. La colonne Trajane et la broderie où, au Xe siècle, une comtesse de Northumberland rapportait les exploits de son mari, étaient destinées à mémoriser des faits glorieux, à illustrer une personne, à perpétuer le souvenir d'exploits en les racontant, en les montrant, en fournissant l'occasion de relater. Des auteurs d'annales, de chroniques, d'histoires, de vies écrivent l'histoire d'un homme, d'un événement avec la même intention ; par le choix du vocabulaire, la présentation des épisodes décisifs, ou l'élimination de faits gênants pour la démonstration, le narrateur présente son point de vue, oriente celui du lecteur, glorifie ou justifie son héros, méprise son adversaire ou le traîne même dans la boue. Cette façon de faire, qui n'est pas celle de l'historien, a été adoptée par le concepteur de la Tapisserie. Mais ce dernier ne donne pas tous les renseignements nécessaires pour comprendre la politique d'Harold et de Guillaume ; il en retient ce que chacun a retenu ou devra retenir. L'historien moderne, qui analyse cette situation, consulte d'autres sources, n'a plus qu'à constater le décalage entre le fait historique réel et ce qu'on en a fait dans la Tapisserie et à interpréter cette différence.

La conquête de Guillaume avait-elle besoin d'être légitimée ? Peut-être pas nécessairement. Le duc avait effectivement reçu d'Édouard promesse de succession et du pape Alexandre II une bénédiction avant l'expédition. Son avènement au trône était conforme à ce qui avait été prévu par le roi Édouard et encouragé par le pape. Toutefois les Anglo-Saxons pouvaient penser différemment. Harold, comte anglais, était un sérieux candidat à la royauté dans un monde où la légitimité pouvait être acquise par le vote du peuple ou, en l'occurrence, des grands de l'aristocratie anglo-saxonne. Or, ceux-ci connaissaient Harold, vainqueur des Gallois, riche de plusieurs comtés, conseiller écouté du roi, capable de gouverner, illustre par sa famille et ses alliances, plus proche d'eux que le Normand romanophone. L'aristocratie anglo-saxonne n'avait pas de raisons de s'estimer satisfaite par la conquête de Guillaume qui, reconsidérant leur fortune, distribuant des fiefs dispersés, commandant le recensement du Domesday Book, se faisait obéir par tous avec autorité.

Il fallait convaincre l'aristocratie du bon droit du nouveau roi. Pour parvenir à lui faire admettre la légitimité royale de Guillaume, il fallait lui expliquer qu'Harold avait commis une faute, avait été abandonné par Dieu, que, parjure, il avait été puni justement, qu'Hastings était cette punition. Pour expliquer, pour convaincre, il fallait raconter les faits en insistant sur l'indignité du duc Harold et les mérites de Guillaume. D'où la présentation de la Tapisserie.

Celle-ci apparaît ainsi comme une œuvre de propagande, un récit qui justifie, qui explique et que les Normands conquérants ont exposé aux Anglo-Saxons conquis pour les convaincre plus aisément du bon droit de Guillaume.

3. Le choix d'un support

Comment pouvait-on présenter un tel récit? Les Romains auraient sculpté dans la pierre les événements. La fresque avait été un moyen utilisé à l'époque romane pour la présentation de récits de l'Ancien et du Nouveau Testament. Il y a beau temps que le décor historié avait employé toutes sortes de supports, on n'en finirait pas de les énumérer. La toile avait également servi : une tapisserie espagnole conte l'Apocalypse; surtout on rapporte qu'au début du Xe siècle une comtesse anglo-saxonne avait brodé les exploits de son mari. Le parchemin était aussi tout indiqué pour recevoir un texte ou des dessins. Ce fut la broderie qui fut choisie, non pas comme un tapis ordinaire, mais comme un long rouleau descriptif où toute l'histoire se lirait dans un récit continu. En aucun cas, elle n'apparaissait comme une tapisserie classique, que l'on suspend au mur pour couper le froid et meubler une pièce. Elle fait, avant toute autre chose, un récit.

Le choix à faire était fondamental. Le récit, fait dans un livre, serait resté entre les mains d'un petit nombre de personnes; une fresque ou une sculpture de pierre (ou une colonne de bronze comme à Hildesheim) auraient profité aux habitants de la ville où l'œuvre aurait été réalisée. Une tapisserie offrait cet avantage incomparable de pouvoir être déplacée, exposée, emportée, expliquée, dans un grand nombre de différents endroits. Les 73 mètres de toile représentent un faible poids, très maniable et peu fragile à tout prendre : à la Révolution, en 1792, quelqu'un en a fait une bâche pour son chariot, c'est dire sa maniabilité. Sans doute ne pouvait-on imaginer de la rouler vraiment, comme un codex de parchemin : il y aurait eu épaisseur excessive. En pliant la Tapisserie en fragments de 4 à 6 m de long, on avait un ensemble commode à déplacer.

La fragilité de la laine est moins grande qu'on pourrait le croire : ce genre de broderie est souple et résistant. En outre, il n'était pas nécessaire qu'elle fût sans cesse et durant un long temps roulée, pliée, exposée ; elle était en mesure de résister un bon moment.

Comment pouvait-elle être présentée ? Et où ? Sa longueur la destinait à être suspendue aux piliers d'une église, comme elle le fut par la suite dans la cathédrale de Bayeux, voire aux murs d'un palais dont les salles étaient vastes. Une église convenait mieux ; lieu de rassemblement, elle offrait de nombreuses occasions de grouper une foule et de lui faire un exposé. La remarque selon laquelle le sujet traité était laïc et ne convenait pas à un édifice religieux ne tient pas. Une église médiévale n'avait pas d'usage uniquement liturgique. Westminster, Winchester, Exeter pouvaient fort bien accueillir la Tapisserie.

Qui pouvait prendre l'initiative de faire faire ce « film de propagande » ? On a parlé de l'évêque Eudes de Bayeux en trouvant beaucoup de raisons de justifier son initiative. C'est lui, dit-on, qui l'a commandée pour orner sa cathédrale, ou pour se justifier quand son roi le jeta en prison[1]. L'hypothèse la plus fréquente est que l'évêque Eudes a fait réaliser la broderie pour fêter la consécration de la nouvelle cathédrale en 1077. Dans le cas où cette hypothèse serait la bonne, encore faut-il trouver une justification à la broderie et au sujet qu'elle traite. Monsieur L. Musset, grand connaisseur du monde médiéval, accepte celle qui est fondée sur le parjure d'Harold : prouver la puissance des reliques de la cathédrale de Bayeux et y attirer ainsi les fidèles (la Tapisserie fut exposée ensuite pour la fête des reliques). Cette argumentation séduisante ne vaut que si le serment d'Harold a bien eu lieu à Bayeux, ce dont nous ne sommes personnellement pas assuré ; à moins que l'auteur de la Tapisserie n'ait décidé

1. Voir la récapitulation proposée par Brooks et Walker (bibliographie).

de le fixer dans cette ville dans le but décrit plus haut. La présence de la Tapisserie dans le trésor du chapitre de Bayeux s'explique bien par l'acquisition de l'héritage de l'évêque : Eudes a conservé pour lui en Normandie l'œuvre d'art qu'il avait fait réaliser en Angleterre. La toile est passée ensuite entre les mains des chanoines. A partir d'une date impossible à déterminer, elle fut sortie des coffres pour être exposée une fois par an. Elle apparaît dans un inventaire du XVe siècle. C'est tout ce dont nous sommes sûrs.

Les arguments en faveur d'Eudes sont fournis par la Tapisserie qui met l'évêque en bonne place, par quelques personnages cités nommément sur la Toile (Vital, Turold, Wadard) et qu'on retrouve effectivement dans l'entourage de l'évêque, par le fait que c'est Bayeux qui a recueilli l'œuvre d'art. Tout cela est possible et ne peut être rejeté. S'il s'est bien agi d'une œuvre de propagande, le rôle d'Eudes n'en est pas moins grand. Il fut le plus grand baron d'Angleterre après la conquête, un vice-roi de Guillaume, un homme riche, puissant, écouté. Cet évêque, certainement instruit, demi-frère du nouveau roi, était à même de prendre en main une politique de justification et d'explication, de commander et de faire réaliser la Tapisserie, de décider d'expliquer à l'aristocratie anglo-saxonne la légitimité de la conquête.

Ce n'est là qu'hypothèse, car nous n'avons aucune trace, aucune preuve de ce que la Tapisserie a été ainsi véhiculée, montrée, exposée. Peut-être cet office n'est-il pas apparu nécessaire, quand bien même il a été conçu. Il est trop facile de dire que la Tapisserie n'est unique que parce qu'elle est seule à avoir été conservée, qu'il y en eut beaucoup d'autres comme elle. Un fragment de broderie conservé en Suède, une copie commandée par Adèle de Blois, quelques tapis conservés dans des trésors de cathédrale ne suffisent pas à faire croire que la Tapisserie de Bayeux n'était pas seule en son genre. En réalité, elle représente bien une œuvre originale, par le long récit qu'elle donne et la façon dont il est construit, par le contexte politique qu'elle recouvre, par l'utilisation pratique qui pouvait en être faite. On ne saurait en aucun cas diminuer son mérite en lui trouvant des modèles ; on ne saurait nier la capacité d'invention de l'auteur, méconnaître le génie de la mise en scène et le sens narratif, oublier la qualité du récit.

4. Une conception filmique

L'histoire qu'elle raconte est présentée en une série de tableaux. Les scènes sont nettement marquées ; elles sont annoncées dans le texte brodé tantôt par *Hic* (ici) tantôt par *Ubi* (où), parfois seulement des noms sont donnés pour identifier des personnes. On imagine aisément le cheminement d'un conteur-présentateur devant une foule, le doigt tendu vers la toile et chantant ou psalmodiant d'une scène à l'autre[1].

1. |Voici| le roi Édouard
2. Où |l'on voit que| Harold duc des Anglais et ses soldats chevauchent vers Bosham
3. |Voici| l'église
4. Ici Harold s'est embarqué
5. |Voici| Harold
6. Ici Gui a saisi Harold et l'a emmené à Beaurain et l'y a enfermé
7. Où |l'on voit que| Gui et Harold discutent
8. Où ... et

A partir de la scène 12, les *Ici (Hic)* annonciateurs l'emportent.

A chaque fois, le narrateur pouvait s'arrêter, indiquer du doigt la nouvelle scène, décrire les personnages et leurs actions, vanter les hauts faits, interpréter les attitudes. Devant une assemblée, il avait beau jeu de mettre l'accent sur tel ou tel aspect. Dans de telles conditions, il s'apparentait à un aède qui, au lieu de mettre en vers un récit épique, commenterait une série de dessins, comme on le ferait aujourd'hui de diapositives. Le mouvement est continu de la gauche vers la droite. A certains moments, une vaste scène s'embrasse d'un seul regard. De la même façon que le sculpteur de la colonne de bronze de Hildesheim a fait se succéder des scènes de l'Ancien Testament en les annonçant par *Hic* à l'intention du spectateur ignorant[2], de même ici, on a raconté une histoire mise en scène, et cela a été fait dans des conditions plus favorables, car le récit était placé à la hauteur

---

1. Tableaux analogues à ceux que plus tard les *Moritatensänger* allemands alignaient avant de déclarer et de chanter un récit.
2. La colonne de bronze de la cathédrale de Hildesheim est un objet merveilleux de 3,80 m de haut (60 cm de diamètre), fondu vers 1020, conçu à la manière romaine et déroulant de droite à gauche des scènes de l'Ancien et du Nouveau Testament.

des yeux et pouvait être suivi avec la même facilité du début à la fin. Le procédé était connu, mais rarement, sans doute, il a dû servir à défendre une politique, à justifier une conquête, à faire la propagande d'un régime politique. Les sujets ainsi traités étaient rarement des épisodes laïcs. Sur ce point, la Tapisserie est très voisine d'une chanson de geste dont l'auteur rapporterait une histoire dont il a été le témoin oculaire. Elle s'apparente aux œuvres que des jongleurs composaient spontanément pour chanter un haut fait[1]. Elle est conçue comme une épopée avec ses héros, son traître, ses batailles, ses conseils, ses armures et ses chevaux, ses moments de lutte et de répit, ses interrogations, ses descriptions de la vie quotidienne (chevauchée, repas, beaux coups, morts brutales, champs de bataille, attaques, fuites). La chanson de Roland lui est contemporaine ; elle prenait appui sur des faits mi-historiques mi-légendaires, antérieurs de trois siècles ; elle avait pour but de distraire et devenait une œuvre littéraire intemporelle. La Tapisserie de Bayeux rapporte un événement tout récent, dans un but précis ; c'est une source historique dont l'intérêt a dû diminuer très vite, perdre même sa valeur dix ou vingt ans après la conquête au point de devenir seulement un souvenir précieux, une étoffe de valeur, de celles qu'on gardait soigneusement dans les trésors des cathédrales. Au lieu de rimes et de vers, la Tapisserie portait en dessins le récit d'un parjure et d'une conquête, pour convaincre un auditoire et le rallier à son vainqueur.

Mais la Tapisserie n'est pas qu'une suite de tableaux, elle n'est pas seulement, comme on le lit souvent, une bande dessinée ; elle est beaucoup plus que cela, elle est un film. Elle n'est pas constituée de dessins placés dans des rectangles nettement séparés les uns des autres avec chacun leur scène, leurs gestes, leurs cris ; elle est une succession ininterrompue d'images, un mouvement incessant de scènes qui se chevauchent, la présentation vivante d'une histoire, avec des séquences plus ou moins longues, des plans, un découpage, un montage, un scénario, une mise en scène. Dans son intention profonde, dans sa réalisation, l'auteur de la Tapisserie a utilisé des procédés, courants aujourd'hui dans les films.

1. Dans *Sone de Nansay* (vers 1270), il est fait état d'un lai composé pour raconter les joutes où Sone avait particulièrement brillé à une table ronde de Châlons, et ce, peu de temps après l'événement. (M. Parisse, Tournois et Tables rondes dans « Sone de Nansay », *Études de langue et de littérature françaises offertes à André Lanly*, Nancy, 1980, p. 275-286.)

Le scénario

Revenons au point de départ. La demande du « producteur » a été élémentaire : « il faut raconter la trahison d'Harold et sa punition, c'est-à-dire la défaite d'Hastings, il faut manifester la légitimité de la victoire de Guillaume ». Avec cette idée, un artiste devait composer un scénario. Deux éléments lui étaient fournis au départ : le serment d'Harold, car qui dit parjure sous-entend serment, et la bataille, avec la mort du coupable.

Comment pouvait-il introduire le serment ? Par le voyage d'Harold en Normandie, par l'ambassade à lui confiée par le roi Édouard. Ensuite, du serment à la bataille, les épisodes s'imposaient d'eux-mêmes : le couronnement d'Harold, le débarquement de Guillaume, la bataille. Il fallait encore trouver une image finale : ce ne pouvait être que le couronnement du duc de Normandie, la légitimation officielle de sa victoire. Cette dernière image, aujourd'hui perdue, fut effectivement retenue.

La composition s'élabora donc à partir de trois éléments fondamentaux, qui créaient un bel équilibre :

- La première scène montrerait Édouard roi.
- La scène centrale serait pour le « roi » Harold.
- La dernière serait réservée à Guillaume, devenu roi à son tour.

Cela faisait deux parties et le découpage devait attribuer à chacune d'elles une longueur de récit équivalente. Ce ne fut pas vraiment le cas : au développement de larges plans sur la flotte et le combat de la seconde partie, répondent les scènes courtes de la première, moins longue que l'autre. Pour compléter cette première partie, il fallait donc introduire d'autres données. La scène de capture d'Harold par le comte de Ponthieu était connue : on l'incorpora. L'épisode de la guerre contre Conan fut ajouté pour permettre de montrer Harold dans la dépendance de Guillaume. A cela furent adjointes de petites scènes, de remplissage ou de transition, qui devaient contribuer à faire le lien entre les scènes principales. Ces liaisons nourrissaient le récit : visite à l'église, repas, embarquement, débarquement, déplacements en groupes, suivant une pratique familière aux conteurs. En agissant ainsi, le « scénariste » composait un ensemble équilibré, articulé à partir des trois rois.

Les principales scènes furent des plans fixes, des scènes d'intérieur, des moments de palabre, de conseil ou de décision :

sc. 1, Harold et le roi Édouard
sc. 2, Harold et le comte Gui
sc. 14, Harold et le duc Guillaume

9

10

11

9 – A la scène 1, Harold reçoit les recommandations du roi Édouard.
10 – A la scène 9, Gui impose ses exigences à Harold.
11 – A la scène 14, Harold explique sa mésaventure au duc Guillaume.

Pour chacune de ces entrevues, le cadre est le même : une grande salle voûtée, et deux interlocuteurs : l'un, Harold, debout dans une attitude humble, l'autre qui est assis et qui porte les insignes de sa puissance : sceptre pour Édouard, épée pour Gui et Guillaume.

sc. 23, Harold et le duc Guillaume
sc. 25, Harold et le roi Édouard
sc. 30, Harold dans sa gloire royale
sc. 33, Harold informé des projets de Guillaume
sc. 35, le duc Guillaume en conseil avec son frère Eudes
sc. 44, le duc Guillaume en conseil avec ses frères Eudes et Robert
(sc. 60, le duc Guillaume dans sa gloire royale.)

Il existe encore d'autres scènes fixes (ex. la donation des armes), mais elles ne représentent pas au même degré des moments importants dans le déroulement du récit. Partout ailleurs règne le mouvement.

12

13

12 – A la scène 23, Harold prête serment devant Guillaume.
13 – A la scène 25, Harold fait au roi Édouard le compte rendu de sa mission.

14

15

14 – A la scène 30, Harold
siège dans sa gloire royale.
15 – A la scène 33, un informateur renseigne Harold.
16 – A la scène 35, le duc
Guillaume et son frère Eudes
discutent.
17 – A la scène 44, le duc
Guillaume tient conseil avec
ses frères Eudes et Robert.

16

17

Ce film s'organise alors en séquences plus ou moins longues. Une séquence comprend le déroulement de plusieurs scènes dans le même temps, éventuellement en des lieux différents. A chaque changement de séquence, un signe matériel souligne l'ellipse s'il s'agit d'une rupture dans le temps, ou le déplacement s'il s'agit d'un autre espace. Le dessinateur a repris le procédé le plus courant pour noter une ellipse : il représente un arbre stylisé. Déjà cette pratique apparaissait sur la colonne Trajane, dont la construction filmique a été étudiée par Alain Malissart; elle se retrouve à la fin du XIᵉ siècle sur les fonts baptismaux de Rénier de Huy à Liège (quatre scènes distinctes) et sur la colonne de bronze de Hildesheim pour séparer les scènes de l'Ancien Testament. Des bâtiments semblent aussi jouer dans la Tapisserie le même rôle : entre les scènes 10 et 11, 15 et 16.

Si l'on tient compte des arbres qui délimitent des séquences, on peut déterminer les douze séquences suivantes :

1. Harold reçoit sa mission et part (sc. 1-2)
2. Voyage d'Harold, embarquement et arrestation (sc. 3-7)
3. Harold et Gui à Beaurain (sc. 8-9)
4. Gui et les messagers de Guillaume (sc. 10-11)
5. Guillaume et Gui (sc. 12-13)
6. Guillaume et Harold (campagne de Bretagne, retour et couronnement d'Harold) (sc. 14-33)
7. Information de Guillaume (sc. 34)
8. Construction de la flotte, traversée, installation (sc. 35-47)
9. Préparation au combat (sc. 48-49)
10. Première phase du combat (sc. 51-53)
11. Deuxième phase du combat (sc. 54-57)
12. Fuite des Anglais (conquête du pays) (sc. 58-60)

Si l'on tient compte de petits bâtiments dont la destination n'apparaît pas autre que celle de séparer des séquences, il est possible de partager les scènes 14 à 33 en deux groupes (14-15 d'une part, 16-33 d'autre part), ainsi que l'ensemble des scènes 35 à 47 (35-36 d'une part, 37-47 d'autre part).

On constate une grande densité des scènes au début, leur étirement en longueur ensuite, une plus grande rigueur dans la distribution des premiers épisodes. Quelle est la valeur de ces coupures? La conception du dessinateur déroute un peu. Ainsi l'histoire est-elle continue de la première à la quinzième scène, soit du départ d'Harold à son arrivée chez Guillaume, les épisodes s'enchaînent normalement; il y a des changements de lieu, mais pas de rupture temporelle. Une très longue séquence comprend la campagne de Bretagne, puis le retour et le couronnement d'Harold : cette fois, il n'y a pas de coupure et cela paraît assez logique. Si on laisse de côté la scène 34 de transition, viennent ensuite cinq séquences de longueur différente pour le récit de la bataille : les coupures ici ne se justifient pas particulièrement non plus. La scène 34, isolée (information de Guillaume du couronnement d'Harold), est toutefois indispensable pour conduire le spectateur d'Angleterre en Normandie; elle répond à la scène 33 où Harold est informé des projets de Guillaume : changement de lieu.

Le dessinateur n'a pas tenu compte des coupures du temps qui ont existé réellement, comme celle des quatre mois qui séparent le couronnement d'Harold et le passage de la comète, donnés ici pour simultanés, ou les deux mois d'attente pour la flotte entre son rassemblement et son embarquement. Le découpage est ainsi décroché de la réalité historique; il n'y a pas de véritable rigueur. On le voit bien avec le premier arbre de transition entre la scène de voyage d'Harold (sc. 2) et son passage dans l'église de Bosham (sc. 3) : la continuité était réelle; le changement d'espace ne devait pas être souligné. Certains changements n'ont pas besoin d'être matérialisés, comme par exemple quand des groupes de cavaliers se tournent le dos, ainsi de la scène 7 à la scène 8, de la scène 13 à la scène14; dans ces deux cas la présence de l'arbre n'est pas nécessaire, car le récit est continu.

On ne peut donc pas tenir compte uniquement de la mise en place de ces ellipses pour déterminer les séquences. Le dessinateur semble bien en avoir usé d'une manière irrégulière. Pour finir, on retiendra quatre séquences principales :

1. De l'embarquement d'Harold à son arrivée auprès de Guillaume (sc. 1 à 15)

2. Du départ pour la Bretagne au couronnement d'Harold (sc. 16 à 33)

3. De la construction de la flotte à la préparation du champ de bataille (sc. 34 à 47)

4. Du combat au couronnement de Guillaume (sc. 47 à 60)

Cela déterminerait quatre parties à peu près égales dans le découpage, si elles ne le sont pas dans la longueur de la représentation.

La représentation du mouvement

A l'intérieur des séquences, le dessinateur a combiné habilement les scènes de mouvement et les scènes fixes. Pour faire apparaître le mouvement, il a utilisé deux procédés : le premier consiste à traduire la mobilité par le dessin, les gestes, les attitudes, le second utilise le système de la décomposition du mouvement.

L'exemple le plus évident est le déplacement des hommes et des chevaux de qui jambes et pattes sont plus ou moins pliées. Le cheval qui marche ou s'arrête a une patte avant pliée ; s'il galope, les pattes antérieures sont toutes deux projetées en avant ; c'est la même chose pour les chiens qui courent. Dans la scène 13, seul le mulet de Gui au centre est arrêté, les autres bêtes sont encore en déplacement ou piaffent. L'utilisation d'une dominante de lignes horizontales crée l'idée

18 – Deux groupes se tiennent face à face dans une scène bien équilibrée (sc. 13). Les animaux sont au repos, mais prêts à partir. Seule la monture de Gui, au centre, est totalement arrêtée.

18

19 – Déplacement rapide des messagers de Guillaume (sc. 11).
20 – Les fourrageurs s'élancent, puis s'arrêtent (sc. 40).

de déplacement rapide, comme dans la scène des messagers (sc. 11). Regardons encore la scène 40 : les deux mêmes cavaliers fourrageurs s'élancent dans la campagne, puis s'arrêtent; dans le premier cas, les hommes sont penchés en avant, les chevaux allongés; dans le second cas, dominent les lignes verticales.

La notion de groupe se déplaçant plus ou moins vite est visible avec l'armée qui va au combat : scène 48 par exemple, un groupe tassé de chevaux prêts à partir et, en tête, trois chevaux au galop. Scène 51 c'est le déploiement complet de la ligne de bataille avec étirement de la cavalerie en longueur et chevaux galopant. Pour les scènes 53 à 56 inutile de démonter le mécanisme tant sont évidents le tohu-bohu du combat et la confusion de la mêlée.

On distingue bien les phases de silence de celles où l'on palabre grâce à une gestuelle intense : les doigts sont levés, les mains tendues, les têtes penchées. Chacune des scènes fixes où l'on discute et tient conseil est remarquable par l'expression de confiance, de crainte ou d'autorité qui se dégage. Comparons par exemple les deux scènes où

Harold et Édouard sont face à face : dans le premier cas, le petit groupe est en discussion intime et le roi se penche avec amabilité vers son ambassadeur; dans le second, Harold a une position qui traduit son malaise, son inquiétude, devant le roi qui tend un doigt inquisiteur; Harold est même rejeté par le dessinateur hors de la pièce où trône Édouard.

21 – Le gros de la troupe marche, l'avant-garde galope (sc. 48).
22 – La ligne de bataille se développe (sc. 51).
23 – Palabres entre Édouard et Harold. Mains et doigts sont en action. La gestuelle est intense (sc. 1).

Voici les discussions entre Gui et Harold d'une part, Guillaume et Harold de l'autre : ici Gui a l'initiative et prend un air décidé et plein d'autorité (sc. 9); là Guillaume écoute sans broncher tandis qu'Harold gesticule devant lui (sc. 14). Voici la troisième scène où Harold et son compagnon vont prier dans l'église de Bosham : ils sont représentés avec les genoux à demi pliés au moment d'entrer. Dans la réalité ils étaient debout au-dehors, à genoux au-dedans; grâce à ce procédé le spectateur les voit déjà en train de s'agenouiller à l'intérieur. Voici encore une discussion animée, scène 35, avec une disposition de lignes qui vont en s'ouvrant vers la droite, vers l'action; les têtes sont de plus en plus hautes; à gauche, quelqu'un explique, Guillaume au centre montre de son bras gauche son interlocuteur, mais sa tête est tournée vers l'évêque, qui siège à côté de lui, lequel donne déjà des ordres à un menuisier dont la torsion du corps

24

24 — Nouvelle discussion entre le roi et Harold; cette fois l'ambassadeur est mal à l'aise (sc. 25).
25 — Harold et son compagnon sont représentés à demi agenouillés hors de l'église (sc. 3).
26 — On remarque le mouvement ascendant vers la droite exprimant le dynamisme de la décision prise (sc. 35).

25

26

indique qu'il part sur-le-champ. On pourrait multiplier les exemples de l'art avec lequel le dessinateur a su rendre sa toile vivante.

Grâce à la représentation de ce mouvement, une même scène peut se décomposer en plusieurs plans successifs mêlés. Cela rappelle la technique utilisée par les orfèvres qui relatent des miracles sur les panneaux de châsses et sur un même petit espace parviennent à faire tenir trois scènes successives. Les représentations des traversées sont particulièrement nettes à cet égard : scènes 4-5 et 6, l'eau est représentée en traits ondulés, monte à gauche là où se fait l'embarquement, puis décline là où Harold descend sur terre. Entre les deux plans, il y a la navigation, l'accès au gros bateau, la pleine mer, l'accostage. Même principe scène 34 pour le navire anglais qui traverse la Manche.
Voyons le siège de Dinan (sc. 19-20) : l'attaque se développe sur la gauche, au centre des soldats mettent le feu à la palissade, à droite le combat a cessé et Conan tend à Guillaume les clés de la ville. Voici le repas des chefs, scène 43, où l'on sert à gauche, tandis qu'au centre l'évêque bénit la nourriture et qu'à droite Robert donne le signal du départ. On a enfin des plans successifs dont l'accumulation donne une idée d'ampleur : dans la campagne de Bretagne, se suivent trois prises rapides de châteaux sans transition, et à chaque fois un groupe de cavaliers aborde une motte castrale; dans le combat, trois combats, trois duels mettent face à face un fantassin et un cavalier.

27

27 – Par la représentation de l'eau, le dessinateur fait apparaître dans une même scène l'embarquement et le débarquement (sc. 34).

28

29

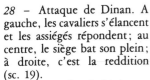

28 – Attaque de Dinan. A gauche, les cavaliers s'élancent et les assiégés répondent; au centre, le siège bat son plein; à droite, c'est la reddition (sc. 19).
29 – Repas des chefs. A gauche, on sert et on prépare; au centre, on mange; à droite, on se prépare à partir (sc. 43).

Outre la mobilité traduite par le dessin, il peut y avoir décomposition du mouvement, un même personnage étant représenté à deux moments différents et successifs de son action, comme on a fait sur ces bandes de papier dessinées qui, déplacées rapidement devant les yeux, donnaient l'illusion du mouvement.

Scène 4 : un même personnage parle aux convives, descend l'escalier avec une gaffe, s'engage dans l'eau. Un même individu (Harold) marche dans l'eau. On peut douter de la réalité de la décomposition

30

31   32

30 – Repas et embarquement.
32 – Le demi-tour d'un groupe de curieux (sc. 31-32).

dans la mesure où les couleurs changent, voire même ce que portent les individus, mais l'intention ne trompe pas et plus qu'une accumulation de personnes, il faut voir la reproduction de la même.

Scènes 23-24 : un homme qui porte une lance regarde Harold prêter serment puis se retourne vers le bateau où il va s'embarquer.

Scènes 31-32 : un groupe de curieux se tourne vers Harold couronné, puis aussitôt fait demi-tour pour regarder une comète dans le ciel. Il y a le même nombre de personnages dans les deux cas.

Scène 50 : un soldat du roi Harold regarde au loin : il voit la troupe de Guillaume et se retourne pour informer son souverain.

Scène 57 : Harold est tué et tombe à terre ; si l'on fait abstraction du cheval du deuxième personnage, on voit un corps qui s'effondre en trois temps. Des historiens anglais avaient déjà pensé à une « duplication » dans la mesure où ils ne parvenaient pas à décider si le roi tué était le personnage debout ou celui qui est étendu.

L'espace et le temps

Avant l'heure, l'auteur de la Tapisserie a utilisé des procédés filmiques pour représenter l'espace et le temps. Toutefois, le dessin est ici relativement simple, linéaire. On n'y retrouve pas les entassements de la colonne Trajane, les plongées et les contre-plongées. A

33 – L'informateur d'Harold regarde au loin, puis se retourne ; le monticule est figuré sur les deux figures (sc. 50).
34 – Décomposition en trois temps de la chute d'Harold (sc. 57).

un niveau qui est toujours le même, les séquences se déroulent avec régularité. Cependant, le dessinateur ne manque pas à l'occasion d'utiliser différents moyens pour créer la profondeur de champ, exprimer l'idée de profondeur ou d'éloignement. En outre, il a utilisé le procédé temporel du retour.

Les plans

Le procédé le plus simple consiste soit à regrouper sur un même plan, soit à superposer, les objets ou les animaux. Dans le premier cas, fréquemment utilisé pour les petites troupes de cavaliers, il y a présentation d'une série de croupes de chevaux pour donner l'idée de profondeur ; dans le second cas, les bateaux qui s'alignent sur la plage sont littéralement empilés, ou les chevaux qui attaquent sont présentés les uns au-dessus des autres.

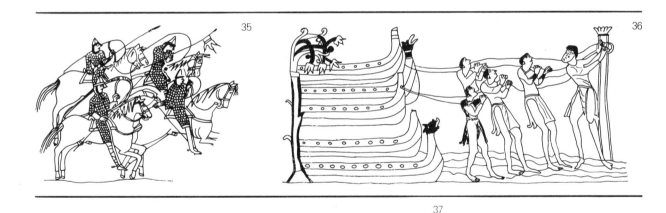

35

36

37

35 – Ligne d'attaque de la cavalerie ; plan superposé (sc. 18).
36 – Alignement des bateaux sur la plage d'embarquement, par superposition (sc. 36).
37 – L'idée de profondeur est ici donnée par la succession de croupes de chevaux. On remarque que l'absence du dessin des pattes avant ne gêne pas (sc. 8).

La profondeur est mieux donnée par la représentation de trois petits bateaux entre les voiles des navires du premier plan de la flotte de Guillaume ; cela donne l'idée d'étendue sur la mer. Le dessinateur n'a pas tenté la même opération pour le champ de bataille.

Le dessin paraît moins à l'aise dans la mise en place de deux petits enfants de chœur encadrant le cercueil du roi Édouard, dessinés tout petits. La réduction a pour but, en d'autres endroits, de marquer l'éloignement : les deux premiers chiens qui courent loin devant Harold, Turold qui tient les chevaux des messagers, les fourrageurs qui ont vidé les maisons de paysans du second plan. Difficulté avec le dessin de la femme qui quitte sa maison en flammes : elle est devant, elle aurait dû être plus grande que le bâtiment, mais en rapetissant le couple qui fuit, le dessinateur peut dessiner la maison à son aise.

38 – Dans cette représentation de la flotte, l'idée de nombre est donnée par la succession de 6 bateaux au premier plan et de plus petits bateaux au second plan. Les derniers peuvent être considérés en même temps comme des barques d'accompagnement (sc. 38).

39 – Les enfants de chœur accompagnent le cercueil d'Édouard (sc. 26).

40 – Turold n'est pas un nain. Il est représenté à l'arrière du premier plan. Les chevaux sont aussi plus petits que d'habitude par rapport aux messagers (sc. 10).

38

39

40

La profondeur de champ se marque encore dans le combat par la représentation du champ de bataille dans la bordure inférieure.

Du coup de caméra projeté sur une scène de petites dimensions au vaste décor filmé en panoramique, tous les cas se présentent. Le grand spectacle, ce sont les combats, la flotte de débarquement. Le dessin se déploie alors sur plusieurs mètres de long et le spectateur doit se reculer très loin pour embrasser d'un seul coup d'œil le champ balayé par la caméra, ou alors il doit se déplacer pour parcourir avec elle le champ de bataille ou la mer. Le plan le plus impressionnant a pour but d'exprimer le gigantisme inhabituel de la flotte rassemblée par Guillaume (qu'il y ait eu 700 bateaux ou 3 000 ne change rien à l'affaire). La première phase de combat se développe longuement et bute sur l'emmêlement de chevaux au pied du monticule des

41 – Au premier plan, les fourrageurs et au second les maisons des paysans (sc. 41).
42 – La femme et l'enfant qui quittent leur maison figurent le premier plan (sc. 47).
43 – La représentation des morts sur le champ de bataille contribue à élargir le plan (sc. 52).

41

42

43

44

44 – Trois plans moyens successifs avec trois affrontements singuliers d'un fantassin contre un cavalier (sc. 52).

Anglais, puis le deuxième plan se déploie à son tour jusqu'au succès final.

L'idée de masse est donnée par la répétition : revenons à la campagne de Bretagne où l'on voit en fait trois courtes séquences avec trois attaques identiques de château, de plus en plus rapides ; le combat c'est encore la représentation d'une troupe de cavaliers au galop face à des fantassins groupés, ou le triplement des duels.

Pour rompre la monotonie du panoramique, le dessinateur s'arrête sur quelques plans moyens (il n'y a pas de gros plan). La scène 52, qui devait représenter une grande bataille, se compose en fait de trois plans répétitifs, comme on vient de le dire, de trois duels : lance contre lance, lance contre épée, hache contre épée. On retrouve le même procédé à la scène suivante avec ce tableau remarquable d'un cavalier hors de sa selle affrontant un housecarle qui brandit sa redoutable hache.

Il y a encore bien d'autres scènes, qui sont autant de plans moyens campés avec beaucoup de soin et expriment des événements importants : la donation d'une armure par Guillaume à Harold, le serment d'Harold, mais surtout la présentation d'Harold dans sa gloire royale. Le roi est représenté dignement sur son trône, on lui a mis sur la tête et en mains les insignes de son pouvoir, à sa gauche, l'archevêque Stigand est témoin, à sa droite, deux fidèles lui tendent une hache : scène fixe, pas un mot, pas un geste, le roi pose pour la postérité.

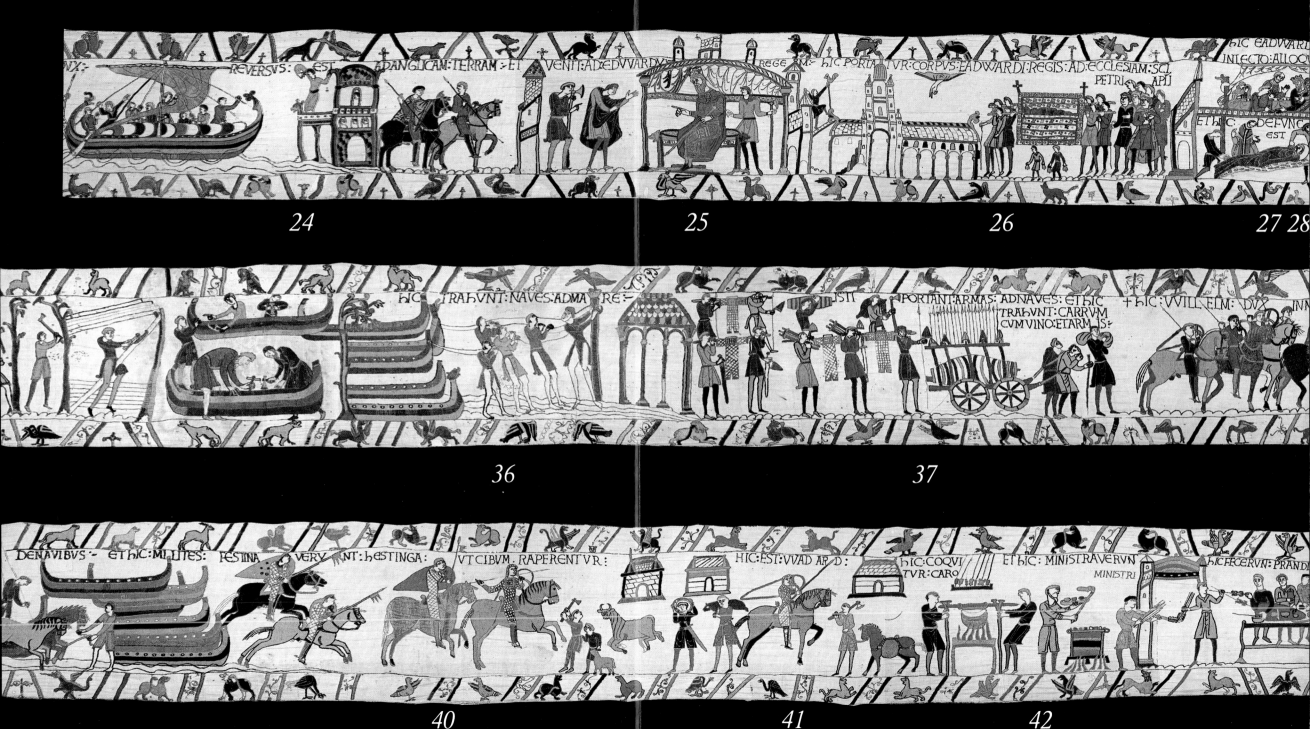

...VX ...REVERSVS : EST ADANGLICAM : TERRAM : ET VENIT : AD EDVVARDV REGE M : HIC PORTATVR : CORPVS : EADWARDI : REGIS : AD : ECCLESIAM : SCI PETRI APLI

HIC EADWARD INLECTO : ALLOC... ET HIC : DEFVNC EST

24   **25**   **26**   **27 28**

HIC : TRAHVNT : NAVES : ADMARE : ISTI PORTANT : ARMAS : ADNAVES : ET HIC TRAHVNT : CARRVM CVM VINO : ET ARMIS : + HIC : VVILLELM : DVX INM...

36   **37**

DE NAVIBVS : ET HIC : MILITES : FESTINA VERVNT : HESTINGA VT CIBVM : RAPERENTVR : HIC : EST : VVADARD : HIC : COQVITVR : CARO ET HIC : MINISTRAVERVN MINISTRI HIC FECERVN : PRANDI...

40   **41**   **42**

Harold rentre en Angleterre ; le roi
Édouard meurt ; Harold devient
roi.

Le duc Guillaume fait construire
une flotte et débarque
en Angleterre.

Le duc Guillaume installe
son armée en terre anglaise.

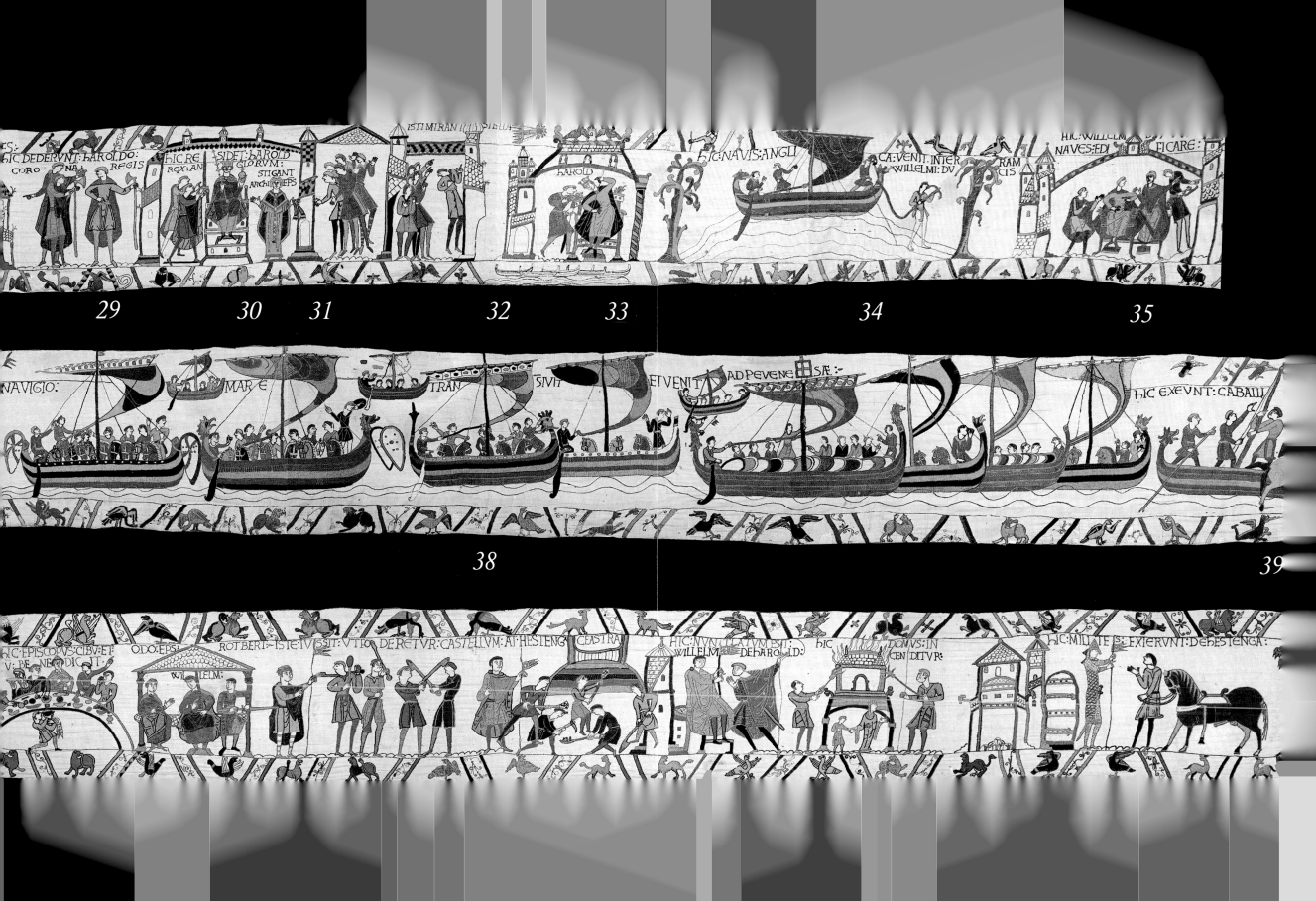

ES: HIC DEDERVNT HAROLDO: CORO NA REGIS HIC RE SIDET HAROLD REX: AN GLORVM: STIGANT ARCHIEPS ISTI MIRANT STELLA HAROLD HIC NAVIS ANGLI CA: VENIT INTER WILLELMI DV RAM CIS HIC WILLELM NAVES EDI FICARE:

29   30   31   32   33   34   35

NAVIGIO: MAR E TRAN SIVIT ET VENIT AD PEVENE SÆ: HIC EXEVNT: CABALLI

38   39

HIC: EPISCOPVS: CIBV: ET ODO: EPS ROTBERT: ISTE: IVSSIT: VTFOD: DE: RETVR CASTELLVM: AT HESTENGA CEASTRA HIC NVNTIATVM: EST WILLELM DE HAROLD HIC DOMVS: IN CEN DITVR HIC MILITES: EXIERVNT DE HESTENGA: V: BE NEC DIC IT WILLELM:

45 – Plan moyen séparant des scènes de mouvement (sc. 21).
46 – Photographie officielle du nouveau roi (sc. 30).
47 – Plan progressif : la ligne de bataille se déplace lentement (sc. 48).
48 – Remarquable plan élargi, bien équilibré, réparti de part et d'autre du personnage central sur qui se concentre l'attention (sc. 13).

Flash-backs

Le procédé du flash-back, du retour en arrière, est utilisé à deux reprises; on ne saurait ici parler trop simplement d'inversion des scènes et d'erreurs du dessinateur.

Le premier cas présente les pourparlers entre Gui et Guillaume. Voici l'ordre des scènes sur la Tapisserie :

9. Où Harold et Gui discutent
10. Où les messagers du duc Guillaume sont venus voir Gui
11. Les messagers de Guillaume
12. Ici un messager est venu voir le duc Guillaume
13. Ici Gui a amené Harold à Guillaume duc des Normands

Un arbre touffu sépare les scènes 9 et 10, un bâtiment les scènes 10 et 11, un arbre les scènes 11 et 12, un château les scènes 12 et 13. Il y a donc un découpage peu ordinaire. On aurait attendu :

9. Harold et Gui discutent
12. Un messager est venu informer le duc Guillaume
11. Les messagers de Guillaume (se déplacent)
9. Les messagers sont venus voir Gui
13. Gui amène Harold à Guillaume

L'inversion du dessin peut se faire et l'ensemble se suit alors très bien, à l'exception du petit personnage perché sur son arbre. Dans ce cas, la logique chronologique est respectée; grâce au texte, on aurait

pu savoir tout de suite que l'on passe soudain de Gui à Guillaume. Mais le dessinateur ne l'a pas voulu ; on ne peut le soupçonner d'erreur ; il a bien voulu cette inversion, et cela se confirme par la présentation de messagers qui galopent de droite à gauche : traduction intelligente du flash-back. Le schéma est donc le suivant : « Gui parle avec Harold », puis « reçoit les messagers de Guillaume », qui « sont venus au galop », après qu' « un messager fut venu voir le duc ». L'informateur de Guillaume est ce personnage à demi caché par un pilier dans la scène 9 et reproduit aux pieds de Guillaume dans la scène 12. Grâce à ce procédé, Gui reste au centre de l'histoire et Guillaume en est éloigné. Sa présentation grâce au flash-back permet de le rapprocher naturellement des scènes où il va être à son tour un élément central. Ici le scénariste a privilégié l'unité de lieu, puisqu'à gauche on reste avec Gui, et à droite avec Guillaume, la transition, l'indication de changement étant donnée par le déplacement des messagers. On ne doit pas oublier que le spectateur disposait d'un recul suffisant pour embrasser d'un seul coup d'œil les scènes successives et il voyait très nettement le lien qui réunit le groupe d'Harold et de Gui au duc Guillaume.

49. Premier cas : dessin de la Tapisserie.
50. Deuxième cas : récit dans un ordre différent. Le dessin peut

être inversé sans changement et sans gêne pour la lecture et la compréhension.

Le second cas est la mort et l'enterrement du roi Édouard. Là encore il y a retour en arrière. Voici les scènes dans l'ordre où les présente la Tapisserie :

25. Harold fait son rapport au roi Édouard
26. L'église de Westminster est consacrée (25 décembre 1065). Le roi Édouard y est enterré (6 janvier 1066)
27. Édouard malade parle à ses fidèles
28. Édouard mort est mis dans un linceul

Ici les scènes 27 et 28 ont été superposées. Le transfert du corps se fait de droite à gauche vers l'église, comme tout à l'heure se déplaçaient les messagers. Le scénariste aurait parfaitement pu mettre l'enterrement et Westminster en sens inverse après les deux scènes superposées ; la compréhension aurait été parfaite ; l'inconvénient est qu'il n'aurait pu alors faire état de la dédicace récente de la cathédrale, à moins de la reproduire une deuxième fois. En choisissant le système du retour en arrière, le dessinateur a pu rapprocher d'une part la per-

sonne d'Édouard et la consécration de la cathédrale qu'il a fait bâtir, d'autre part l'offre de la couronne à Harold et la mort d'Édouard dont elle est la conséquence. Le fait qu'il y ait eu ici flash-back dénote une grande liberté dans l'initiative du créateur. Le scénariste a privilégié ici l'unité de temps : les derniers jours d'Édouard et la consécration de la cathédrale, puis la mort d'Édouard et l'offre de la couronne à Harold.

51. Premier cas : dessins dans l'ordre de la Tapisserie.

52. Deuxième cas : ordre différent. On voit que dans ce cas la figuration de la pose du coq sur le clocher sert vraiment de liaison. Pour le reste, la lecture du cas 2 est conforme à la logique et le dessin peut être conservé tel quel.

La couleur et le décor

Quand il eut achevé son montage, le dessinateur a pu mettre le décor, la couleur, le son : le décor avec la bordure en haut et en bas, la couleur avec quatre laines et huit teintes, le son avec les phrases qui ponctuent le récit, le dessin créant de lui-même le bruit et le mouvement.

Le principe des bordures décoratives fut utilisé longtemps avant le XIᵉ siècle et de nombreux modèles peuvent être montrés. Le principe retenu ici était de figurer des animaux par couples, deux bêtes identiques affrontées ou adossées comme si le dessin était parfaitement symétrique de l'une à l'autre. Pour la présentation, quelques variantes apparaissent : face à face dans un même cadre au début, ces couples sont à partir de la scène 8 séparés par deux barres diagonales. Puis après la scène 12, les barres sont disposées en forme de V renversé et dans l'espace libéré apparaît un motif, selon un principe adopté pour la bordure supérieure. A partir de la scène 35, en haut comme en bas, naît et se développe un retour aux barres parallèles avec un motif décoratif intercalé, comme un pampre de vigne.

La régularité, déjà mise en question par la variété du dessin, est bafouée en plusieurs endroits : par le débordement de l'histoire sur la bordure, avec présentation du Mont-Saint-Michel, et de la comète, du champ de bataille, par l'incorporation de fables transmises par le Romain Phèdre, par quelques scénettes érotiques de sens hermétique. Tout cela crée un climat original, évite la monotonie, enrichit l'aspect documentaire, suscite quelques sentiments.

Pour la couleur, peut-être les brodeuses (ou les brodeurs) ont-elles joué le rôle principal car le dessinateur n'a pas cherché de subtiles

53 – Barres de séparation en forme de V.
54 – Barres de séparation en V retourné.
55 – Animaux affrontés directement.
56 – Barres de séparation parallèles.

53

54

55

56

combinaisons. Il a seulement voulu que leur juxtaposition fasse bien apparaître le passage d'un personnage, d'un animal, d'un objet à un autre. Il a disposé pour ce faire de quatre couleurs (rouge, bleu, jaune, vert) et de huit teintes; il en joue d'une façon simple, pour le contraste. Un ou deux exemples suffiront à illustrer sa manière de faire : voici les quatre cavaliers qui attaquent Rennes, puis Dinan; dans le premier cas, deux chevaux rouges sont opposés en diagonale, entre eux les deux autres bêtes sont jaune et vert; dans le second cas, les chevaux opposés en diagonale sont jaunes, ceux du centre qui sont voisins, vert et rouge. A la scène du serment d'Harold, le duc normand a un manteau vert foncé sur une tunique jaune, Harold un manteau jaune sur une tunique vert foncé. Plus habile est l'art avec lequel les brodeuses ont joué du point de tige qui souligne les contours ou les détails d'une grande teinte plate : plis d'un vêtement, tuiles d'un toit, crinière d'un cheval. (Voir dépliant hors-texte, sc. 19 et 23.)

Restait à « sonoriser » la bande, comme on a plus tard sous-titré les films muets, ou comme on y a intercalé entre les scènes quelques phrases explicatives. Les personnages ne parlent pas, c'est le narrateur qui décrit. Le texte est en latin, il est sobre, les phrases sont courtes. Les exemples de propositions conditionnelles sont rares. Le principe fut de tracer à la romaine des lettres capitales juste au-dessus de la bordure supérieure, en haut de l'image par conséquent. Il y a divergence avec la règle quand le texte risquait de déborder largement la scène illustrée. Premier exemple avec la scène 4, quand la fin de la phrase est tassée sur quatre lignes entre deux bateaux; autre exemple avec l'incise de la scène 17 mentionnant un exploit d'Harold (« Ici Harold les tirait hors du sable »); lors de la remise d'une armure à Harold par Guillaume, la scène est très courte, la phrase, même courte, se développe sur trois lignes : « Ici Guillaume / a donné à Harold / des armes. » A partir de la scène 43, la nouveauté a consisté à abandonner une couleur foncée unique au profit de l'alternance de deux couleurs d'une lettre à l'autre.

Pour l'étude du texte porté sur la toile, le lecteur pourra se reporter au dépliant hors-texte. Il doit être attentif à l'usage des abréviations et à la ponctuation; les premières sont d'usage courant tout au long du Moyen Age; la seconde utilise des signes inhabituels pour nous, mais a peu d'occasions de se manifester, car les phrases sont courtes. S. Bertrand a fait reproduire fidèlement le texte complet des inscriptions dans les premières pages de son édition.

Le système d'abréviation est ici réduit au minimum, car chaque fois qu'il le peut, le dessinateur a écrit les mots en entier. Les contractions sont : *episcopus* en *eps* (sc. 31, 44, 55), *sancti* en *sci* et *apostoli* en *apli* (sc. 26). Le nom de Guillaume est une fois tronqué, faute de place, sc. 56 : on a *Wilel.* Pour le reste, ce sont des terminaisons qui tombent : *ur* dans *alloquitur* (sc. 27) et *trahuntur* (sc. 36), *m,* indice de l'accusatif, comme *terra* pour *terram, Haroldu* pour *Haroldum* (exemples aux scènes 5, 7, 10, 14, 16, 29, 32, 43, 48, 49, 50, 51, 55). L'indication de ces abréviations est donnée par un tilde, trait horizontal placé au-dessus de la dernière lettre, pour le *m,* par une sorte de crochet pour *ur.*

La fin des phrases est parfois marquée par deux points verticaux ou trois signes en triangle (deux points et un trait). Des points séparent également les mots les uns des autres; ils ne servaient pas à ponctuer.

Au total, c'est bien un film qui a été construit sur la toile avec un génie indéniable, et l'utilisation d'un vocabulaire cinématographique vient d'elle-même. Un film qui tranche étonnamment avec la succession de photos posées qui illustrent bien d'autres récits. Le point le moins contestable dans ces rapprochements est offert par la longueur inhabituelle du récit, bâti comme une histoire ininterrompue, dont la continuité a été ressentie au point que les auteurs ont jugé nécessaire de coudre bout à bout les longs morceaux des différentes séquences. Mais tout est là : le mouvement, la couleur, le décor, l'enthousiasme, les scènes importantes et le remplissage, les éléments factices et ceux qui sont essentiels, les coupures brutales et les habiles transitions, le changement de décor et les retours en arrière. Qui plus est, ce film, habilement construit, était une machine de guerre, un film de propagande politique.

3. Un documentaire du XIe siècle

La Tapisserie de Bayeux est une source incomparable de renseignements pour l'historien. Il y puise des informations, il y trouve confirmation ou complément de ce qu'il rencontre par ailleurs dans les manuscrits, sur les monuments, dans les textes. Aussi ce chef-d'œuvre est-il maintes fois la base d'une étude de la civilisation du XIe siècle. Bien plus, l'historien est en mesure de restituer au spectateur du XXe siècle les informations que possédait naturellement l'homme du XIe siècle et de lui permettre de comprendre, de nommer, de commenter ce qu'il voit. Pour éviter les inévitables répétitions qui interviendraient avec un commentaire image par image, nous avons, après beaucoup d'autres (F. Stenton, S. Bertrand) choisi de regrouper les données qui, une fois lues, permettront de parcourir avec plus de fruit le récit de la Tapisserie. Les explications seront réduites en raison de la présence des reproductions de la Tapisserie, qui valent mieux que tout discours.

1. Les hommes et les femmes

A l'exception de trois femmes, présentées de façon fugitive, tous les personnages de la Tapisserie sont des hommes, habillés en combattants ou portant les vêtements de la vie quotidienne.

La Tapisserie offre un échantillon très varié de vêtements, d'allures, de types. Bien que le dessinateur ait suivi quelques règles, on ne peut pas distinguer systématiquement les deux origines, normande et anglo-saxonne, et les différents niveaux de la société. Des détails toutefois attirent l'attention sur la très grande variété des cas rencontrés.

On remarquera d'abord les têtes et les visages. Quelques-uns portent une moustache très fine ; ce sont plutôt les Anglais ; Harold notamment au début se distingue par ce trait, mais le dessinateur lui a supprimé sa moustache entre la scène du serment (sc. 23) et celle de son retour devant Édouard (sc. 25). Ce dernier porte une longue barbe, bien fournie, qui accentue l'effet de son grand âge. La barbe est également portée par deux constructeurs de bateaux (sc. 36), un cuisinier (sc. 42), un compagnon de Guillaume (sc. 43), des housecarles (sc. 51, 56).

La présentation des cheveux est généralement sommaire : la broderie ne se prête guère à la fantaisie et à la précision dans ce domaine. A l'évidence toutefois, ceux qui ont la nuque rasée se distinguent de ceux qui portent les cheveux longs ; ainsi se différencient les premiers, Normands, des seconds, Anglais. Un coup d'œil à la scène 9 fait apparaître mieux qu'ailleurs cette différence : le duc Guillaume et son conseiller ont l'arrière du crâne rasé jusqu'au sommet, tandis qu'Harold et son compagnon ont des cheveux jusqu'à la nuque. Une fois au moins (est-ce un oubli ?), le dessinateur a représenté une chevelure blonde frisée (sc. 4) ; une autre fois, il a montré un homme à demi chauve (sc. 47). Quant à la tonsure des clercs, elle apparaît nettement et désigne ainsi au lecteur l'évêque de Bayeux, quand il siège dans un groupe ; on remarque très bien cette tonsure chez les clercs qui suivent le cercueil du roi Édouard (sc. 26).

1   2

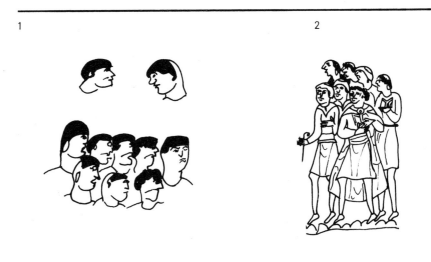

1 – On distingue les Anglais aux cheveux longs et les hommes du continent dont la nuque est rasée.
2 – Dans la foule de ceux qui suivent le cercueil d'Édouard, les clercs se reconnaissent à leur tonsure (sc. 26).

La mode vestimentaire laisse place à une grande fantaisie des formes et des couleurs à partir de vêtements identiques pour tous en ce qui concerne leur usage et la façon de les porter. L'habit qui domine très largement est une sorte de robe ou de tunique couvrant le corps et les bras, tombant aux genoux (sc. 29 à 32); le plus souvent il est serré à la taille. Par-dessus est souvent porté un manteau en forme de cape maintenu par une agrafe ou une fibule, réparti sur les deux épaules ou sur une seule. La variété apparaît bien évidemment dans la couleur, dans l'existence de bordures brodées, au col ou en bas, dans l'existence de fentes devant et derrière qui permettent d'aller à cheval tout en maintenant les jambes couvertes. Par exemple, à la scène 10, le comte Gui et son voisin ont une tunique fermée tandis que les messagers en ont une fendue, comme s'il s'agissait d'un pantalon. Elle se prête particulièrement bien à être retroussée comme on le voit au moment de l'embarquement ou du débarquement (sc. 4 et 6). A trois reprises, une tunique est faite d'un dessin original, comprenant des losanges ou des pièces de deux couleurs (le comte Gui, sc. 10; le duc Guillaume, sc. 16; l'évêque Eudes, sc. 54).

On sait que sous cette tunique les hommes portaient généralement une chemise, des braies plus ou moins longues, mais on ne saurait dire que la Tapisserie permet de les observer nettement. Il en est de

3 – Harold (sc. 7).
4 – Un clerc (sc. 15).
5 – Harold (sc. 14).

même pour les chausses et chaussures. A plusieurs reprises, les jambes sont recouvertes d'un collant à moins qu'il ne s'agisse d'une simple couleur ajoutée par le dessinateur ; dans quelques cas, les chausses rayées semblent être des sortes de guêtres. Quant aux chaussures, elles sont très sommairement présentées, faites de cuir enveloppant uniquement le pied.

Dans cette relative uniformité, les personnages les plus importants ressortent par un habillement qu'on a voulu plus somptueux : manteau ample tenu par une grosse broche, tunique descendant bas, chaussettes rayées. Dans le cas du duc Guillaume se remarquent particulièrement les deux petites bandes, attachées au sommet de son manteau, marque d'importance (sc. 13).

6 – Le comte Gui (sc. 10).
7 – Harold est élu roi (sc. 29).
8 – Le duc Guillaume porte un manteau orné de deux bandeaux attachés au col.
9 – Cette femme est chassée de sa maison qu'on incendie (sc. 47).
10 – Cette jeune fille serait la fille du duc Guillaume (sc. 15).

Trois femmes sont dessinées : soit dans l'ordre chronologique, Aelfgyva (sc. 15), vêtue d'une robe tombant jusqu'aux pieds et la tête enveloppée d'un voile, Édith peut-être, reine d'Angleterre, au chevet de son mari (sc. 27), vêtue de la même façon, enfin une femme fuyant sa maison avec son fils (sc. 47), un peu différente, car elle porte notamment ces longues manches pendantes qu'au XIIe siècle les dames détachaient pour les mettre autour de la lance de leur chevalier servant.

2. Les combattants

Le chevalier du XIe siècle est présent tout au long de la Tapisserie ; ce qu'elle nous montre rejoint ce qu'on peut voir aux chapiteaux des églises et sur les manuscrits ; toutefois dans ce cas la lisibilité est parfaite.

L'armement défensif
C'est la cotte de mailles qui prédomine, exposée nettement à la scène d'embarquement (sc. 37). Elle a la forme d'une tunique et s'enfile par le haut du corps. Les bras sont plus ou moins longs ; la protection va jusqu'aux poignets ou s'arrête plus souvent à mi-chemin entre le coude et les mains. Elle tombe jusqu'aux genoux, rarement plus bas, et pour permettre la marche ou la chevauchée, elle est fendue devant et derrière. Elle se prolonge en haut, généralement par un capuchon qui, couvrant la tête, protège utilement la nuque (sc. 40). Pour faire passer la tête, l'ouverture doit être élargie ; elle risque de laisser la gorge à découvert, d'où la mise en place d'une protection supplémentaire en forme de rectangle qui se relève jusqu'au cou (sc. 21 et 37).

Cette cotte de mailles ou haubert est faite de petits anneaux de métal attachés l'un à l'autre souplement, comme le serait un pull-over tricoté à très grosses mailles ; elle est très souple et pas exagérément lourde. Elle est en fer, mais les textes parlent dans certains cas de mailles d'or ou d'argent. Elle devait être très résistante ; en fait, dans les combats, elle est fréquemment rompue et alors les anneaux blessent gravement. L'art des fèvres permettait de fabriquer des gants et

12

11   14   13

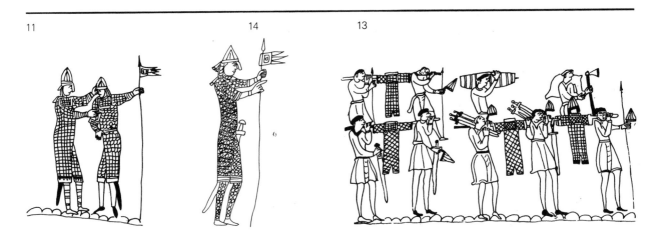

15   16

des jambières de mailles : cela réclamait des mailles très fines. Le duc Guillaume en porte peut-être au moment de partir pour le combat à Hastings (sc. 47).

La protection de la tête est assurée par le casque, formé de quatre lames métalliques rigides partant d'une couronne et réunies ensemble au sommet; un nasal le prolonge à l'avant. Parfois un complément de mailles métalliques pendait à l'arrière pour protéger la nuque; l'essentiel du casque était ensuite constitué de cuir fixé sous l'armature. Ce casque est de forme conique. Le crâne était triplement protégé : par la capuche du haubert, par un chapeau de feutre, puis par le casque lui-même. Pour que ce dernier ne tombe pas, il était attaché à la cotte de mailles, lacé comme on dit plus tard dans les romans de chevalerie. Les violents coups donnés sur le casque le déformaient et finissaient par arracher la peau quand le feutre était insuffisant.

Le cavalier se protégeait avec le bouclier ou écu. La forme oblongue (env. 1,20 m) prédomine largement. Sur une armature de bois bombée était tendu un cuir bouilli. C'était une protection très insuffisante, rapidement abîmée par les coups et crevée. Le combattant l'attachait à son cou par une longue lanière ou guige; cela lui permettait de rejeter le bouclier derrière lui quand il devait disposer de ses deux mains. Quand il voulait utiliser cette protection, le cavalier prenait l'écu par les énarmes, sortes de poignées placées à l'intérieur, où il passait l'avant-bras et qu'il maintenait ferme avec la main gauche. De la sorte, le combattant pouvait facilement manœuvrer son bouclier, protéger son corps ou sa tête, écarter les coups. Les armatures de bois, les rivets de métal étaient souvent soulignés par des traits de peinture; depuis toujours les boucliers étaient ainsi ornés de dessins divers, géométriques ou fantastiques, ce qui plus tard deviendra armoiries.

Au cours de la bataille de Hastings, on voit présentés des boucliers ronds, de forme ancienne, avec pointe centrale ou umbo, mais conçus et renforcés comme les précédents (sc. 52, 57).

L'armement offensif

Les armes utilisées sont le javelot, la lance, l'épée, la hache, la masse, l'arc et les flèches.

11 – Guillaume donne des armes à Harold. On remarquera que l'épée traverse le haubert; le pommeau se voit au niveau de la hanche et la lame reparaît au-dessous en bas.

12 – La cotte de mailles se retire comme un pull-over. Ici des morts sont dépouillés par des pillards.

13 – La cotte de mailles ou haubert est transportée sur un bâton passé dans les manches et porté par 2 hommes. Son poids ne dépasse guère 3 kilos. On voit le rectangle de protection de la gorge (sc. 37).

14 – Le duc Guillaume porte des jambières de mailles (sc. 47).

15 – Harold porte son écu par les énarmes (sc. 17).

16 – Harold, à droite, porte son écu par les énarmes, que l'on voit distinctement sur les autres boucliers. La guige est visible sur l'écu du cavalier qui tombe en avant; elle était passée autour de son cou (sc. 17).

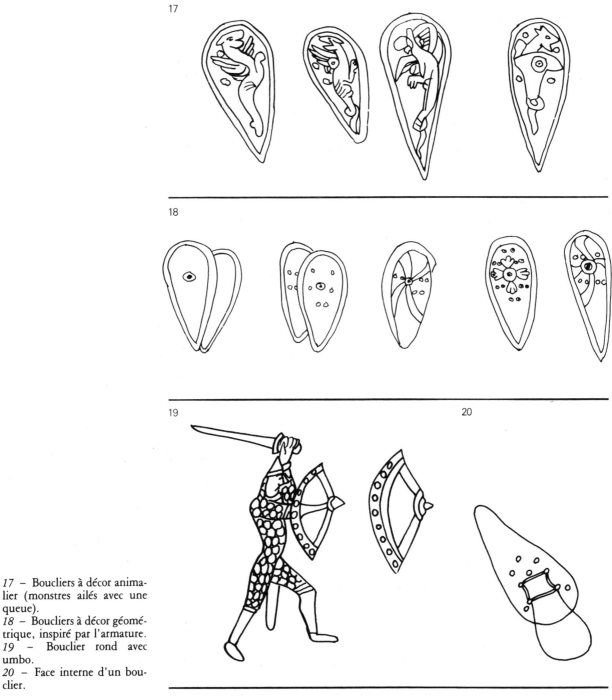

17 – Boucliers à décor animalier (monstres ailés avec une queue).
18 – Boucliers à décor géométrique, inspiré par l'armature.
19 – Bouclier rond avec umbo.
20 – Face interne d'un bouclier.

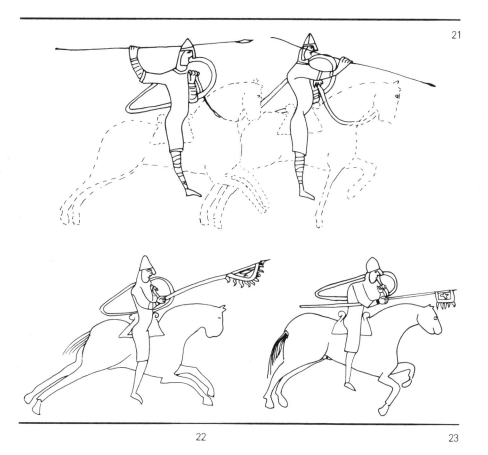

21

22

23

21 – Ancien et nouvel usage
de la lance (sc. 48).
22 – Duel lance contre lance
(sc. 52).
23 – Duel lance contre hache
(sc. 52).

Au XIe siècle, il existe des javelots que le chevalier jette avant le combat et dont il dispose en abondance. Vers 1080, apparaît le mot lance, latinisé en *lancea,* qui désigne un objet projeté, analogue au javelot, mais plus long. Il existe en outre ce qu'on appelle en latin *contus* et qui est un long bâton au bout duquel flotte une bannière. Sur la Tapisserie, la lance-javelot *(lancea)* et la lance-porte-bannière *(contus)* figurent en même temps. La première est mince et elle est lancée par le bras qui se rejette en arrière, puis décrit un mouvement au-dessus de la tête, comme on le voit scène 19, à l'attaque du château de Dinan. En 1127 encore, au siège de Bruges, des lances sont projetées par les assiégés sur les assiégeants. La lance-porte-bannière est un bâton plus épais qui se porte bras abaissé, comme on le voit scène 40 chez les chevaliers qui débarquent, et scène 48 chez ceux de l'avant-garde de l'armée normande. Cette lance épaisse ne peut se projeter, mais en revanche peut servir à pousser un adversaire pour le faire tomber au sol. C'est ce qui se fait de plus en plus au tournoi que, selon la tradition, un certain Geoffroi de Preuilly aurait inventé vers 1060 en Berry. La Tapisserie est ainsi un des premiers monuments où est figurée la nouvelle escrime, celle qui met en œuvre la lance nouvelle manière, destinée, on le sait, à faire une belle carrière tandis que la lance-javelot disparut lentement dans la première moitié du XIIe siècle.

24

25

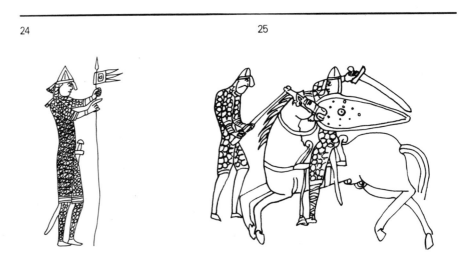

24 – Le duc Guillaume épée au côté, lance à la main.
25 – Combat à l'épée et à la hache.

L'épée peut être longue d'environ un mètre ; quelquefois elle est plus courte. Plate, munie d'une garde, elle est portée dans un fourreau au côté gauche. Parfois elle est passée à travers la cotte de mailles et ressort au bas, par-dessous (sc. 21) ; mais habituellement le fourreau est attaché à une large ceinture ou baudrier qui serre la tunique et plus souvent le haubert (sc. 50). L'épée est l'arme du chevalier par excellence, pour le combat à pied ou à cheval. Elle s'utilise à une ou deux mains pour frapper avec le plat ou le tranchant (de taille), ou avec la pointe (d'estoc). Le poids et la résistance de l'épée et la force du coup jouent un rôle important. L'épée est la marque du pouvoir : sortie du fourreau et pointée vers le haut, elle exprime l'autorité. Elle est retirée et déposée par celui qui se soumet.

Deux types de haches sont utilisés : une courte, une très longue. C'est la longue hache des Danois qui apparaît le plus souvent ; pourtant c'est le comte Gui de Ponthieu qui la porte en premier (sc. 10), on la retrouve entre les mains d'un fidèle d'Harold et d'un fidèle du roi Édouard (sc. 25). Surtout elle est utilisée dans le combat (sc. 53 et 56), notamment par les housecarles, gardes du corps scandinaves du roi anglais. La hache courte appartient plutôt aux Normands, et en fait elle est peu répandue.

26

27

26 – Le comte Gui portant la hache.
27 – Harold portant une hache de combat.

La masse d'armes est visible une ou deux fois; l'une vole entre les deux armées à la scène 51. On imagine souvent que le duc Guillaume et l'évêque Eudes en portent une aux scènes 49, 51 et 54. En cette dernière occasion, le texte dit : « ici l'évêque Eudes tenant son bâton encourage les jeunes ». Il faut alors se garder d'y voir un instrument de combat. *Baculum* ici employé désigne à l'occasion la crosse de l'évêque ou de l'abbé, voire plus simplement le bâton pastoral; ici c'est plutôt le bâton de commandement et il est naturel que les deux chefs le brandissent. C'est dans tous les cas une sorte de gourdin plus épais à une extrémité ou terminé par une triple boule.

L'arc est entre les mains des fantassins normands; quatre archers sont figurés à la scène 51; l'arme a environ un mètre de long. Le combattant porte un carquois à la ceinture ou au cou; il revêt soit un haubert, soit un vêtement en tissu, avec un casque ou un chapeau de feutre, mais n'a pas d'écu. Une image présente un housecarle dont le bouclier oblong est piqueté de flèches à barbules (sc. 56). Dans la

28   29   30

31

28 – L'évêque Eudes, portant son « bâton », arrête les fuyards (sc. 55).
29 – Masse d'armes ou bâton?
30 – Le duc Guillaume armé de son bâton de commandement (sc. 51).
31 – Archers placés au milieu de la ligne d'attaque normande (sc. 51).

32 – Alignements d'archers dans la bordure inférieure (sc. 55).

bordure inférieure des scènes 55 et 56 tout un alignement d'archers est dessiné. L'utilisation de l'arc n'était pas la spécialité des seuls fantassins et des roturiers. On sait par exemple que Godefroid de Bouillon était un excellent archer.

c) Le combat

Les troupes rassemblées par les deux protagonistes de la Tapisserie sont constituées de cavaliers et de fantassins. Le duc Guillaume et le roi Harold ont dû faire appel à leurs fidèles et à des aides complémentaires. Guillaume a convoqué son ost, c'est-à-dire qu'il a demandé à ses vassaux de lui amener un certain nombre de cavaliers et de fantassins, imposé par une réglementation précise qui tient compte de l'importance du fief de chacun. Comtés, seigneuries, évêchés et abbayes sont tenus de la même façon de respecter ces obligations. La troupe groupée sur les côtes de Normandie avait été complétée par des mercenaires, le duc ayant fait appel à des Bretons, des Flamands, des Français et les annales précisent que la discipline de cette armée importante, contrainte d'attendre patiemment durant deux mois un vent favorable à l'embarquement, fut parfaite et qu'en particulier, grâce à une intendance bien organisée, il n'y eut pas de pillage des environs.

Les combattants rassemblés étaient surtout des cavaliers et le transport des chevaux par bateau fut sans doute une tâche ardue mais non insurmontable en raison surtout de la brièveté de la traversée (une nuit). Il s'y ajoutait des archers dont on suppose qu'ils étaient recrutés parmi les fantassins amenés par les grands vassaux ou peut-être venus d'autres régions.

Guillaume avait le commandement général de l'armée, et il prenait part au combat au risque de s'exposer dangereusement et, en cas de blessure, de compromettre la victoire. Il était assisté de quelques conseillers; l'évêque Eudes, qui stoppe la retraite et avait participé aux discussions préliminaires, a dû jouer un rôle important. Les groupes de cavaliers se serraient autour de la bannière des chefs; on en voit plusieurs exemples. Le gonfanon, attaché à la lance du porte-bannière, servait de signe de ralliement, la distinction entre les combattants n'étant pas toujours facile. Le porte-enseigne du duc, Eustache, est représenté sur la toile au moment où il montre que le duc Guillaume est vivant (sc. 55).

Harold pouvait également faire appel aux troupes de ses vassaux et aux paysans du fyrd (ost anglais). Ce mot désignait des fantassins à convoquer. On a dit que ce dernier avait été démobilisé au moment des récoltes, parce que le débarquement n'avait pas eu lieu. Une sorte de surveillance de la côte était organisée; grâce à cela, Harold fut promptement averti de l'arrivée des Normands. L'armée du roi anglo-saxon comprit beaucoup de cavaliers, venus à marches forcées du Nord du pays où ils avaient combattu à la bataille de Stamford Bridge. Il n'y a guère d'archers anglais représentés sur la Tapisserie, mais il y en avait sans doute autant que du côté normand. Une originalité de l'armée de Harold était la garde du corps royale, créée par Knut et constituée de Danois armés d'une longue hache, les house-carles (sc. 56).

Le combat ne durait guère qu'une journée en général. Le choix et la préparation du terrain avaient de l'importance. A Hastings, Guillaume, arrivé le premier, fit bâtir une petite fortification et brûler les maisons des environs, susceptibles de servir de refuge aux combattants ennemis. Harold observa davantage les positions et posta ses troupes sur une éminence, qui rendit bien des services. En effet, au cours des premiers assauts, la cavalerie normande ne vint pas à bout des Anglais bien plantés sur la hauteur et qui, en outre, avaient aménagé les abords en creusant des fossés où les chevaux vinrent se jeter. Le résultat fut un début de débandade qui semblait marquer déjà la défaite normande. L'ardeur de l'évêque de Bayeux qui stoppa la fuite et lança la contre-attaque, l'erreur des Anglais qui étaient descendus de la hauteur, modifièrent le déroulement de la bataille et finalement les Français l'emportèrent à la fin de l'après-midi.

33

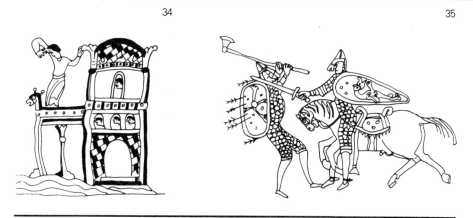

34

35

33 – Pour se faire reconnaître dans la foule des combattants, le duc Guillaume est obligé de soulever son casque (sc. 55).
34 – Tour côtière de surveillance (sc. 24).
35 – Combat d'un housecarle danois et d'un cavalier normand (sc. 56).
36 – L'infanterie anglo-saxonne (sc. 51).

36

37

38

37 – Les Anglo-Saxons bien établis sur une éminence résistent aisément aux assauts de la cavalerie normande dont les chevaux sont renversés dans les fossés protecteurs (sc. 53).
38 – Scènes de pillage, bordure inférieure de la scène 57.

Le rôle des chefs était essentiel. L'annonce de la mort de Guillaume provoqua l'affolement des Normands, mais dès qu'il montra qu'il était vivant, l'attaque put reprendre. Du côté anglo-saxon, la mort de Lewine et de Gyrd ne fut qu'un épisode malheureux, mais celle de Harold fut le signal de la défaite. Dans les combats du Moyen Age, les troupes ne se seraient pas satisfaites d'un chef planté au loin dans les lignes arrière, et les rois comme les princes devaient payer de leur personne. Ils étaient toutefois protégés et rapidement secourus en cas de danger pressant ou de blessure.

Stratégie et tactique se manifestaient. La première consistait surtout à rassembler une armée plus forte et à choisir le meilleur terrain. La tactique pouvait être une action en tenailles; l'affrontement brutal et l'attaque forcenée étaient les plus fréquentes. A Hastings, il importait de chasser les Anglais de leur campement et de tuer le plus possible d'adversaires, notamment le roi. Par conséquent, la cavalerie s'élança sans relâche tandis que les archers faisaient pleuvoir une pluie de flèches sur les ennemis. Après le jet des javelots et des lances, les épées entraient en jeu avec les haches et là ce sont les plus forts qui gagnaient. Sur le champ de bataille restaient les cadavres des hommes

39

et des chevaux, les blessés, et les pillards s'empressaient de récupérer armes et hauberts.

Les grandes batailles en rase campagne n'étaient pas fréquentes, moins en tout cas que les sièges. La campagne de Bretagne donne un exemple de cet autre genre de combats. Les châteaux servaient de refuge et de centres de domination sur la campagne environnante ; commander une région supposait qu'on disposât de quelques forteresses et, en revanche, la conquête ne pouvait se faire sans la prise des châteaux de l'adversaire. Ainsi, Guillaume poursuit Conan à Dol, Rennes, puis Dinan ; en réalité, l'histoire nous apprend que Conan n'était pas en cause à Dol où la Tapisserie semble le montrer en train de fuir. Peu importe ici à notre propos. Le siège imposait le plus souvent de camper devant le château jusqu'à ce que l'assiégé affamé se rende, ce qui pouvait durer longtemps, car les tours contenaient souvent des réserves ; c'est le problème de l'eau qui était toujours crucial. Dans le second cas, pour aller vite, il fallait organiser l'attaque. L'assiégé devait multiplier les obstacles, fossés, palissades, tours, et être en nombre suffisant pour résister partout à la fois. Pour l'assiégeant, les fossés pouvaient être comblés, les palissades brûlées et forcées. L'attaque, de tous côtés, par une troupe abondante permettait de venir à bout rapidement des petits châteaux sur motte. L'abondance du bois utilisé incitait fréquemment les assiégeants à porter le feu aux palissades comme on le voit ici pour Dinan. Les sièges devaient se dérouler autrement quand il s'agissait de gros châteaux en pierre, établis sur des sommets.

39 – Attaque du château de Dinan (sc. 19). La prise des châteaux, même réduits à l'état de mottes castrales, permettait de contrôler le pays ennemi.

3. La vie des nobles

Un coup d'œil sur la deuxième scène peut faire sursauter celui qui constate qu'Harold part en ambassade en portant un oiseau de proie sur le poing, et qu'il est précédé de sa meute. Les nobles comme lui avaient souvent pour habitude de se déplacer dans leur pays et au-dehors accompagnés de compagnons et emmenant leurs animaux favoris.

Les déplacements et la chasse

Ils disposaient de plusieurs montures en permanence : le destrier, plus racé et résistant, était réservé aux combats, tournois et guerres ; le roncin servait au voyage, animal plus robuste et de moindre qualité. Les chevaux anglais se remarquent au début du récit par leur crinière tressée, tandis que les chevaux du continent ont la crinière libre ; hormis ce détail, l'équipement est le même, la selle commode et profonde avec son pommeau et son trousin, les longues étrivières portant les étriers (répandus en Occident depuis le VIIIe siècle), les rênes tenues court. Le prince voyage avec quelques compagnons, amis, fidèles, ou hommes d'armes. La Tapisserie ne montre pas un groupe au complet. Harold, qui est suivi de cinq personnes au départ de Londres, pouvait voyager avec une dizaine d'hommes, dont une partie était armée ; on voit derrière le comte Gui et le duc Guillaume des soldats armés de lances et de boucliers parce qu'il s'agit d'opérations militaires, tandis qu'Harold part pour une expédition pacifique.

Les nobles aiment à voyager avec d'autres animaux, chiens et oiseaux de proie. Leur meute était destinée à chasser avec eux. Harold est précédé de cinq chiens dont trois portent un collier et une clochette ; on les retrouve en plusieurs endroits. Ce sont des chiens de race que les nobles, bons chasseurs, savaient sélectionner pour la chasse à courre. C'est aussi pour la chasse, mais cette fois en plaine, qu'ils dressaient des oiseaux de proie : faucons, éperviers, émerillons. Le faucon était le plus prisé et de nombreux traités de fauconnerie furent composés au Moyen Age. Harold et Gui sont montrés avec un oiseau sur le poing. A cette date, les hommes ne portent pas de gants de cuir dont on usa au XIIIe siècle pour éviter d'être blessé par les serres ; sans doute

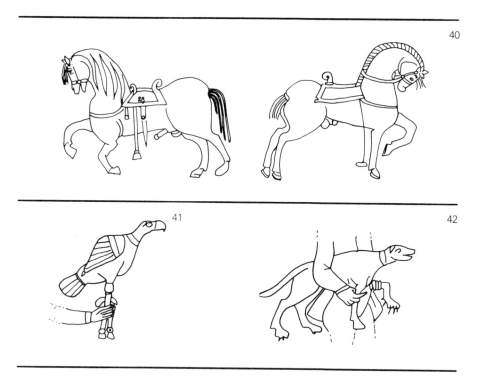

40 – A gauche, le cheval normand d'un messager du duc Guillaume (sc. 10). A droite, le cheval de l'Anglais Harold (sc. 2).
41 – Oiseau de proie tenu par ses liens (sc. 4).
42 – Chien de meute porté au moment de l'embarquement (sc. 4).

celles-ci étaient-elles alors rognées. On peut en revanche distinguer nettement les cordelettes qui permettaient de lier l'oiseau à son perchoir habituel. A la première Croisade (1096-1100), les chevaliers partirent en emportant le matériel et les animaux de leur vie quotidienne : vaisselle, tapis, chiens, faucons. Le pape Eugène III les invita, pour la deuxième Croisade, à délaisser tous ces « bagages » encombrants et inutiles.

Une autre scène de chasse se trouve en bordure de la scène 12. Un piqueur joue du cor et retient un chien. A l'opposé un cavalier muni d'un bâton semble donner des ordres. Une meute attaque un animal à cornes, un cerf sans doute. La chasse fournissait le gibier que mangeaient les nobles en abondance. Hardis combattants, ils n'hésitaient pas à affronter en combat singulier les bêtes sauvages, cerfs, sangliers, loups, ours; c'était un combat terrible, à l'épieu ou à l'épée, et l'homme n'avait pas toujours le dessus, même si la bête était affaiblie par la course et l'attaque des chiens. Scène 11, un personnage protégé

43

44

45

46

43 – Harold précédé de sa meute et suivi de ses compagnons (sc. 2). ·
44 – Gui et Harold chevauchent en portant un oiseau sur le poing (sc. 8).
46 – Se peut-il qu'un chevalier affronte un ours attaché? Cela n'est pas dans la tradition de prouesse de la chevalerie (sc. 11).

47

48

47 – Repas d'Harold et de ses compagnons avant l'embarquement (sc. 3).
48 – Une cuisine de campagne pour l'armée de Guillaume (sc. 42).

par un écu et armé d'une épée qu'il brandit, affronte un ours qui est attaché à un arbre. Sans doute cette précaution était-elle nécessaire dans un combat difficile. Godefroid de Bouillon affronta un ours qui le mit fort à mal et faillit l'occire.

Les repas

Deux scènes présentent des repas, avant l'embarquement d'Harold à Bosham (sc. 3) et après le débarquement du duc, à Pevensey (sc. 43). A Pevensey, après que les fourrageurs ont recueilli de la nourriture, les chefs se rassemblent pour le repas. La nourriture est préparée grâce à des installations de campagne sommaires. Scène 42, on voit un dispositif rudimentaire avec un foyer installé sur une table, deux branches fourchues supportant un bâton auquel est suspendue une marmite. Au-dessus, le réalisateur a disposé des tiges de métal sur lesquelles ont été embrochés des morceaux de viande et qui devaient être mises sur le feu d'une manière différente des brochettes d'aujourd'hui, car on voit, scène 43, que les volailles et autres morceaux se trouvent placés à l'extrémité des broches. A côté de ce feu, une sorte de fourneau élevé porte des pains ou des gâteaux qu'un cuisinier place sur un plateau à l'aide d'une longue pince.

Cette nourriture, préparée aux cuisines, est apportée au buffet, c'est-à-dire à l'endroit où les serveurs viennent chercher les plats qu'on a entreposés, dans ce cas précis, sur deux boucliers, placés sur des tréteaux. Là, trois hommes disposent coupes, plats, nourriture. Leur rôle est d'avertir les convives du début du repas; c'est ce que fait l'homme qui souffle dans un cor; il fait ce qu'on appellera plus tard « corner l'eau », c'est-à-dire appeler à se laver les mains avant de se mettre à table. Un serviteur, celui qu'on voit devant la table, apporte une aiguière avec de l'eau et il a sur le bras une serviette pour essuyer les doigts.

A table, les convives sont disposés d'un seul côté de sorte qu'ils peuvent être aisément servis par l'autre côté. Il n'y a pas d'autre couvert que le couteau; beaucoup d'aliments sont servis dans des coupes; la viande se mange avec les doigts. Avant de commencer le repas, le prêtre, s'il y en a un, bénit la nourriture, comme on le voit, scène 43, avec l'évêque Eudes qui, pouce et index réunis, bénit le poisson étalé devant lui. Il est facile de remarquer à la scène 3 que d'aucuns boivent à l'aide d'une corne d'animal, autant qu'avec des coupes. Au cours des deux repas représentés sur la Tapisserie, la conversation est animée; des couples discutent activement. Harold est au centre de la scène 2; à la scène 43, à droite de l'évêque Eudes, se trouvent sans

49

49 – La table était sans doute rectiligne; elle est ici représentée en demi-cercle pour des raisons d'esthétique. La présence du poisson sur la table a été mise en relation avec le vendredi 13 octobre 1066, veille de la bataille (sc. 43).

doute le duc Guillaume, puis Roger de Beaumont, dit à la Barbe ; sans doute Robert, comte de Mortain est-il là aussi, à l'extrême gauche peut-être. A droite, dans les deux cas, un personnage indique la suite à donner aux décisions prises ; c'est là, on l'a vu, une façon de présenter l'aspect dynamique de l'histoire racontée.

La mort

Le récit de la Tapisserie ne fait guère de place à la religion et aux manifestations de la piété. Le clergé est surtout représenté par la personne de l'évêque de Bayeux, parce qu'il était le frère du duc Guillaume et aussi très certainement l'inspirateur de l'œuvre d'art. Nous parlerons plus loin des églises représentées sur la Tapisserie. La première est celle de Bosham, petite église de paroisse où Harold fait ses dévotions avant de s'embarquer. A cette époque, l'assistance à la messe était une pratique fréquente chez les nobles ; souvent assistés de chapelains permanents, qui leur faisaient office de secrétaires, ils disaient ou entendaient fréquemment dire des prières. L'évêque Eudes bénit la nourriture avant le repas suivant une pratique habituelle dans le clergé (sc. 43).

La mort est abondamment représentée dans la Tapisserie en raison des combats qui y figurent. Elle manque dans la campagne de Bretagne, mais la bordure inférieure est remplie de cadavres et de blessés pour la bataille de Hastings. Sur le champ, des pillards détroussent les morts en leur enlevant le haubert, ou en ramassant armes et boucliers. Le fer des haches, la lame des épées et les flèches traversaient les cottes de mailles ou frappaient les corps aux endroits non proté-

50

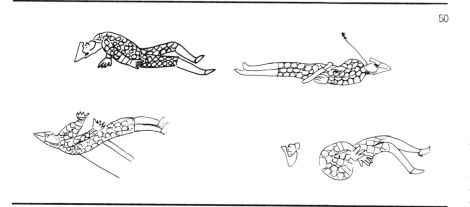

50 – La bordure de la scène 52 représente le champ de bataille jonché de cadavres ; on y voit des corps transpercés par une flèche ou une lance, parfois décapités.

gés; c'est ainsi qu'Harold fut frappé, dit-on, d'une flèche dans l'œil. Si le coup n'est pas mortel, les blessures peuvent s'infecter et entraîner le décès à plus ou moins longue échéance. En 1128, le comte de Flandre, Guillaume Cliton, mourut d'une grave blessure au bras.

La mort est représentée plus calmement dans le cas du roi Édouard, aux scènes 27 et 28. Le vieux souverain, mourant, est soutenu dans son lit par un serviteur, et dicte ses dernières volontés au comte Harold et à l'archevêque Stigand; bien que ces deux personnages ne soient pas nommés, ils sont très certainement ceux que le roi voit en dernier; derrière eux la reine Édith se tient discrètement. Le dessinateur, en montrant l'évêque mal rasé, a-t-il voulu laisser entendre qu'une longue veillée a eu lieu? Une fois le roi mort (5 janvier 1066), son corps fut placé dans un linceul cousu, là encore en présence du prélat, avant d'être mis dans un cercueil.

51

52

51 – Mort et ensevelissement du roi dans un linceul (sc. 27-28).
52 – Cortège funèbre qui conduit le roi à sa dernière demeure (sc. 26).

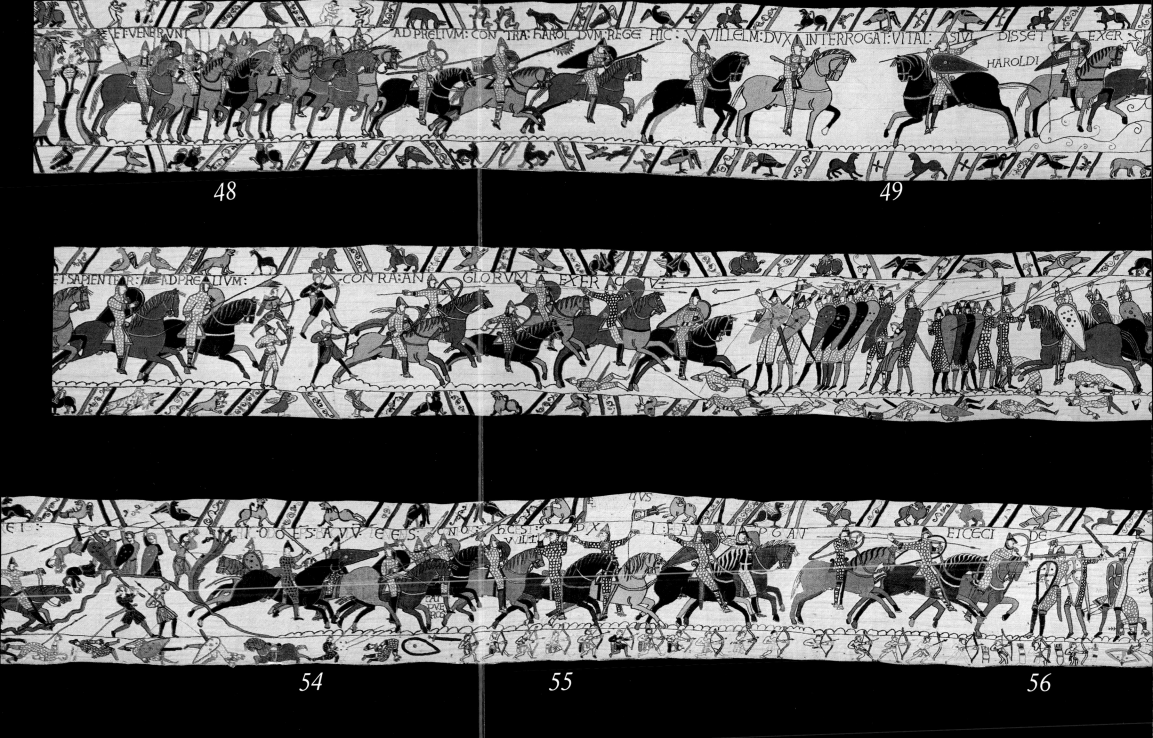

ET VENERVNT AD PRELIVM: CONTRA HAROLDVM REGE HIC: VVILLELM DVX INTERROGAT VITAL: SIVI DISSET EXER CI
TV
HAROLDI

48   49

ET SAPIENTER: :ADPRELIVM: CONTRA AN GLORVM EXER CITV

STI ODO: EPS: AVV ENENS: CNO: HOEST: DVX LI EA VGAT EI CECI DE
WILT

54   55   56

L'armée normande se prépare
pour la bataille.

Première phase du combat :
les Normands sont repoussés.

Deuxième phase du combat :
Harold est tué et les Normands
sont vainqueurs.

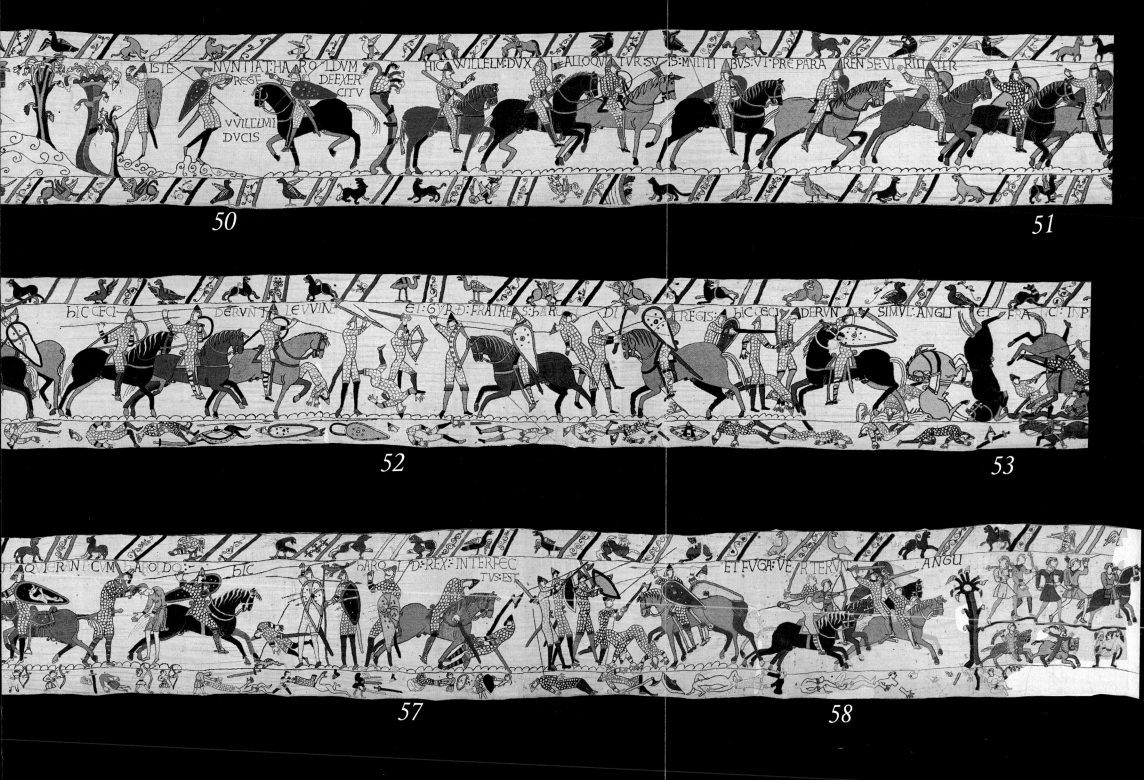

50

51

52

53

57

58

Le cercueil d'Édouard est une caisse importante, très décorée, ornée de deux croix et munie de brancards. Elle doit être fort lourde car il y a huit porteurs. Un cortège accompagne le mort de son domicile à l'église où il doit être enterré. La coutume était d'ensevelir les défunts en terre chrétienne, c'est-à-dire communément dans l'aître qui entoure les églises et que délimite un mur ou un fossé; c'est la terre bénie, terre d'asile, espace inviolable. Cependant des personnages importants se font enterrer dans l'église même; beaucoup de princes et de rois fondent des abbayes ou des églises qui doivent servir de nécropoles. Édouard fut emmené le jour de sa mort à Saint-Pierre de Westminster, dont il avait surveillé la construction. Le lendemain, il fut mis dans sa tombe devant le grand autel. Le cortège est accompagné de deux servants qui agitent des clochettes. Dans ce cas précis, le dessinateur a ajouté discrètement dans la bordure inférieure un chien qui hurle à la mort; sa position ne laisse aucun doute là-dessus, car il ne s'intègre pas dans la suite normale des couples d'animaux et il apparaît avec la gueule ouverte, tournée vers le ciel.

d) L'Église

La main de Dieu est représentée de façon visible au-dessus de l'église Saint-Pierre de Westminster. Elle illustre le moment important de la consécration du nouvel édifice, qui eut lieu le 25 décembre 1065. C'est la seule fois où la divinité intervient directement, mais elle était présente dans l'esprit des spectateurs profondément chrétiens. Ils savaient par exemple que le pape Alexandre II avait béni l'expédition

53 – La main de Dieu bénissant la nouvelle église de Westminster (sc. 26).
54 – Le vaisseau ducal, la Mora, porte une croix au sommet de son mât (sc. 38).

53

54

de Guillaume et pouvaient imaginer que la croix flottait en haut du mât de la Mora, le vaisseau ducal. Surtout, ils savaient que Dieu était présent par l'intermédiaire des reliques sur lesquelles Harold avait prêté serment au duc normand, et pour eux la défaite et la mort du roi anglais étaient des conséquences inéluctables de la rupture du contrat qu'il avait tacitement signé en posant ses mains sur des reliquaires. La Tapisserie nous montre un autel sur lequel repose une caissette contenant des reliques et, de l'autre côté, une châsse posée sur un brancard, car elle est, en cas de besoin ou de solennité, transportée sur les épaules des fidèles pour être montrée. Les saints sont des avocats qui défendent auprès de Dieu la cause de ceux qui font appel à eux, ce sont aussi de redoutables gardiens de la loyauté. La prière à Bosham, le serment sur les reliques, la consécration de Westminster, la bénédiction du poisson, la victoire de Guillaume : autant de manifestations de l'omniprésence et de la toute-puissance de Dieu.

Trois hommes d'Église sont représentés sur la Tapisserie : l'archevêque Stigand, l'évêque Eudes, un clerc. Stigand eut une carrière mouvementée. Chapelain du roi Knut, il devint évêque d'Elmham vers 1038 et fut consacré en 1043, disgracié puis rétabli en 1044. Il monta sur le siège de Winchester en 1047. Il fut alors conseiller du roi Édouard, mais manifesta à l'égard de Rome une hostilité telle qu'il fut excommunié par Léon IX, et que cette sentence fut renouvelée par Victor II, Étienne IX, Nicolas II. C'est l'antipape Benoît X qui lui adressa le pallium quand Stigand monta sur le siège archiépiscopal de Canterbury (1058-1060). Le prélat soutint l'aristocratie anglo-saxonne, se mit du côté du roi Harold, dont il assista à la consécration faite par l'archevêque d'York, puis se rallia à Guillaume après Hastings. Il fut déposé en 1070 par un concile anglais et remplacé par Lanfranc, candidat du nouveau roi ; emprisonné à Winchester, il mourut en 1072.

55 – En haut, la châsse d'un saint avec son brancard, posée sur un support ; en bas, un reliquaire déposé sur un autel (sc. 23).
56 – Stigand, archevêque de Canterbury (sc. 30).

Eudes (ou Odon) était un frère utérin de Guillaume le Conquérant, fils d'Arlette et d'Erluin de Conteville. Il devint évêque de Bayeux en 1049, par la grâce de son frère, à un âge impossible à fixer : on admet habituellement qu'il n'a pu naître avant 1036 car Erluin n'aurait pas épousé Arlette avant la mort du duc Robert ; ce jeune âge ne représentait pas alors un obstacle à son élévation au siège épiscopal. Il participa activement à la campagne d'Hastings, pour laquelle, comme évêque, il fournit 60 chevaliers et obtint sa récompense en devenant comte de Kent, quasiment vice-roi d'Angleterre. Il eut alors une activité politique débordante, une ambition religieuse exagérée qui le poussait à ambitionner la tiare. Son comportement suspect lui valut d'être emprisonné en 1082 par ordre de Guillaume, puis libéré en 1087 après la mort de ce dernier. Ayant repris ses intrigues contre Guillaume le Roux, il acheva sa vie en Normandie, partit pour la Terre Sainte, mais mourut à Palerme en 1099. Sa vie privée n'était pas exempte de critiques : on lui attribue un fils, Jean.

57 – Eudes, évêque de Bayeux (sc. 44).
58 – Un clerc, reconnaissable à sa tonsure, touche la joue d'Aelfgyva (sc. 15).

Le clerc anonyme, qui est représenté à la scène 15, touche, de sa main droite, Aelfgyva, dans une attitude singulière. Il ne porte pas de vêtements ecclésiastiques, mais il est habillé comme les clercs qui suivent le cercueil d'Édouard (sc. 26) ou comme Eudes aux scènes 35 et 44. On sait que les fiançailles donnaient lieu à une cérémonie religieuse, qui assurait la garantie et le sérieux du contrat ainsi dressé entre deux familles. Dans l'ignorance où l'on est de la réalité historique que cette scène évoque, il est difficile d'apporter d'autres commentaires.

Stigand, seul, porte des vêtements sacerdotaux, aussi bien auprès d'Édouard mourant (s'il s'agit bien de l'archevêque de Canterbury) qu'auprès d'Harold couronné. Sa tonsure est nettement visible. Il porte une longue étole, une chasuble, longue derrière et courte devant, un manipule au bras gauche.

4. Les relations entre les hommes

La société que nous présente la Tapisserie comprend des groupes très variés qui sont en relations de dépendance les uns à l'égard des autres.

Rois et princes

Le roi dispose de l'autorité suprême qu'expriment différents symboles comme la couronne, le sceptre, le globe, le trône. Édouard porte sceptre et couronne à la scène 1, la couronne seule à la scène 25.

Harold se voit offrir la couronne, symbole du titre royal, puis il est mis sur le trône, muni du sceptre de justice (ou d'un autre bâton de commandement) à la main droite et d'un globe surmonté d'une croix à la main gauche. A la scène 33, il ne porte plus que la couronne. Le bâton de commandement est, on l'a vu, un symbole d'autorité, porté par le duc Guillaume et l'évêque Eudes.

L'épée apparaît également comme un signe de force. Lors des conversations, elle est dégainée puis tournée vers le haut ou le bas, selon que l'autorité veut ou non s'exprimer. Le premier cas se rencontre avec Gui et Guillaume devant Harold aux scènes 9 et 23 : ici, Gui discute en position de force, là Guillaume reçoit le serment du comte anglais. Guillaume dresse encore l'épée quand il donne ses ordres aux

59 – Édouard, roi d'Angleterre, porte sceptre et couronne (sc. 1).
60 – Le roi Édouard porte la couronne et une canne (sc. 25).
61 – Le roi Harold porte les insignes de son pouvoir : globe, couronne, sceptre (sc. 30).
62 – Gui en situation d'autorité tourne son épée dégainée vers le haut (sc. 9).

59

60

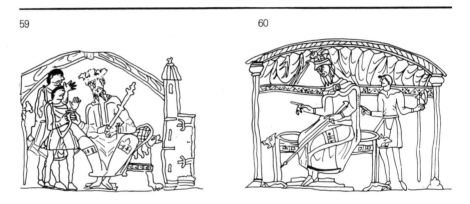

61

62

63

messagers (sc. 12). Le roi reçoit les hommages et les serments de ses sujets, vassaux et autres sujets; le duc fait de même dans sa princi-pauté. L'hommage contraint celui qui l'a prêté à aider son seigneur, par son service militaire, par l'aide qu'il apporte dans les conseils et les séances du tribunal.

Les habitants d'une région se partagent entre nobles et non nobles, clercs et laïques. Les clercs sont à part; soumis à l'évêque du lieu, ils forment le clergé et échappent à la juridiction du prince laïc. Les non nobles peuvent être paysans, ouvriers, domestiques, soldats au service des seigneurs. Que les hommes soient de condition libre ou serve, ils sont dans une situation de dépendance qui pèse plus ou moins sur eux. Le paysan libre paie des redevances en nature et en argent, assure des services, fournit des prestations. A la guerre, il peut tenir la place d'un fantassin et combattre. Beaucoup d'artisans ont été conviés à participer à la construction de la flotte, ce qui représente leur contri-bution aux opérations militaires (sc. 36).

Les grands sont entourés d'une *familia* qui comprend des fidèles, des conseillers, des serviteurs. Ces derniers assurent les travaux quotidiens : cuisiniers, gardiens de meute. Les fidèles du prince sont ses amis, ses conseillers, ses compagnons de voyage. La Tapisserie en montre sans cesse quelques-uns accompagnant Harold, Guillaume, Gui. Rien ne les distingue extérieurement des autres, sinon les gestes qui manifes-tent leur participation aux discussions.

Parents et amis
Les relations de parenté entre les hommes jouent un rôle important

au Moyen Age. Dans la Tapisserie, elles n'apparaissent pas avec évidence, mais sont sous-entendues et expliquent bien des attitudes.

Des frères sont ici en cause ; Guillaume a avec lui ses deux demi-frères : Eudes et Robert. Son père, le duc Robert Ier, partant pour Jérusalem, a confié Arlette, la mère de Guillaume, à un de ses vassaux Erluin de Conteville, avec mission de la garder, voire de l'épouser s'il ne revenait pas. De l'union d'Erluin et d'Arlette sont nés deux garçons : Eudes devint évêque de Bayeux par la grâce de Guillaume, et Robert reçut la fonction de comte de Mortain. Mogens Rud pense que si Eudes devint évêque en 1049, il devait être né avant 1035 et, dans ce cas, Erluin aurait épousé Arlette avant même le départ du duc Robert pour la Terre Sainte. La question reste posée, mais Eudes a pu obtenir très jeune l'évêché de Bayeux ; l'âge minimal de 30 ans a été fixé par le Concile de Latran IV en 1215 et, auparavant, il n'était pas toujours atteint par les jeunes prélats.

Eudes et Robert vivent dans l'entourage le plus étroit de leur frère et participent aux grandes décisions ; ce sont les seuls grands qui soient nommés. Peut-être au moment du repas de Hastings, l'homme barbu, à la droite de Guillaume, est-il Roger de Beaumont, dit à la Barbe.
Du côté anglais, trois frères également participent à la bataille : Harold, Lewine et Gyrd. Les deux derniers sont tués avant leur frère. Ils avaient obtenu d'importantes charges comtales et participaient

64 – Les trois frères normands : Guillaume au centre, Eudes à gauche, Robert à droite (sc. 44).
65 – Les deux frères d'Harold, Lewine et Gyrd, seraient deux des fantassins représentés au milieu de la scène 52.

64

65

donc activement au gouvernement du pays, en même temps qu'Harold, proche du roi Édouard. Leur frère Toste avait aussi un comté à sa charge, mais l'avait perdu depuis peu; il avait combattu contre Harold aux côtés des Norvégiens. Les trois frères défendent naturellement ensemble le pays dont l'un d'eux est roi, comme les trois frères normands.

D'autres parentés sont à signaler : celle qui unit Édith aux groupes précédents n'est pas sans importance. Elle est la sœur d'Harold, Lewine et Gyrd, et a épousé le roi Édouard; toutefois, elle ne joue ici aucun rôle. Sa présence atteste que les fils de Godwin pouvaient se sentir tenus de défendre les droits de la reine et de succéder à leur beau-frère. Le lien qui unit Édouard au prétendant Guillaume est moins proche. Rappelons qu'Emma, mère du roi Édouard, était sœur du duc Richard II, et donc grand-tante de Guillaume; le duc Robert, père de Guillaume, et Édouard étaient ainsi cousins germains. Suivant la manière de compter des gens du Moyen Age, Guillaume pouvait se considérer comme le neveu d'Édouard. Les droits d'Édouard venaient de son père, le roi Aethelred (†1013); Guillaume ne pouvait prétendre à la couronne que par la décision d'Édouard, qui avait longtemps vécu en Normandie, avait connu le jeune duc et appréciait sa valeur. En fait, il n'y avait plus de descendants directs d'Aethelred, ni de Knut : ou bien l'aristocratie anglaise choisissait l'un des siens, ce qu'elle fit avec Harold, ou bien le roi proposait et imposait son candidat, ce qu'Édouard fit avec Guillaume, mais ce dernier dut en fait conquérir son royaume les armes à la main.

66 – Le porte-enseigne Eustache montre le duc aux autres soldats (sc. 55).
67 – L'intendant Wadard (sc. 41).

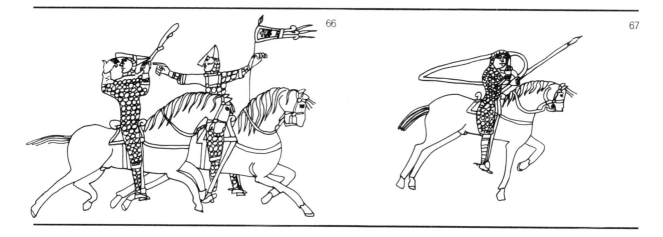

66

67

Dans l'ensemble, peu de personnages sont nommément cités. Outre Édouard, Guillaume, Harold et Gui, principaux protagonistes, il y a encore Aelfgyva, l'évêque Eudes et l'archevêque Stigand, le comte Robert, deux frères de Harold. A cette liste s'ajoutent quatre personnes mal connues : Turold, qui tient les chevaux des messagers, Wadard, occupé à l'intendance, Vital qui renseigne le duc sur le mouvement des troupes ennemies, Eustache enfin, le porte-enseigne.

Ces noms ne sont pas rares et les trois premiers se trouvent cités dans le Domesday Book, livre de recensement des vassaux et tenanciers d'Angleterre dressé après 1066. Ce sont des hommes de l'entourage du comte de Kent, alias l'évêque de Bayeux, Eudes. Cette donnée conforte au reste l'opinion de ceux qui voient dans Eudes l'initiateur de la Tapisserie.

Eustache n'est pas le comte de Boulogne, homonyme (v. 1047-1093), marié à une fille du roi Aelthered d'Angleterre, qui prit part à la bataille de Hastings du côté normand ; le comte de Boulogne ne pouvait être porte-enseigne du duc Guillaume. Dans l'homme de la Tapisserie, il faut voir un chevalier du proche entourage ducal.

Turold n'est probablement pas lié à l'auteur de la Chanson de Roland, comme le suppose Rita Lejeune dans une étude récente. Sa petite taille est en rapport avec les nécessités du dessin et ne signifie pas que l'individu en question était un nain.

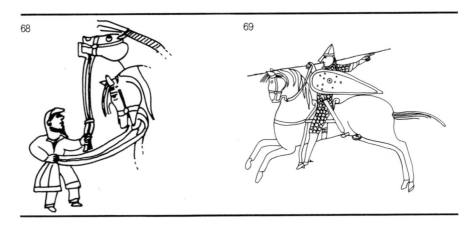

68 – Turold tient les chevaux des envoyés de Guillaume (sc. 10).
69 – Vital est interrogé par le duc Guillaume sur la situation de l'armée d'Harold (sc. 49).

Vital fut connu plus tard sous le nom de Vital de Canterbury. Il est tout à fait probable, comme beaucoup d'historiens l'ont avancé, que c'est bien leurs relations étroites avec Eudes de Bayeux qui ont justifié la mention de ces trois hommes dans la Tapisserie. Ce ne sont pas des serviteurs, mais des hommes libres, des chevaliers, des proches d'un prince.

5. Les constructions

Elles sont de trois sortes : la maison ordinaire, le palais, la forteresse. Les églises seront vues séparément.

Les maisons

Trois petites maisons, de paysans peut-être, sont figurées à la scène 40 au moment où sévissent les fourrageurs de l'armée de Guillaume ; elles ont toutes la même architecture : un soubassement, un mur de bois ou de pierre, une toiture à quatre pans, une seule ouverture arrondie.

Deux maisons plus importantes : à la scène 47, l'une présente la même allure générale que les précédentes ; elle est posée sur un rez-de-chaussée de hauts pilotis. La dame qui la quitte en hâte est bien habillée : c'est une demeure de qualité, sans doute comme ce manoir où Harold et ses compagnons se restaurent avant de s'embarquer : le rez-de-chaussée repose sur des piliers à chapiteaux, elle a une grande salle au premier étage, avec un escalier extérieur d'accès, un toit à tuiles vernissées de couleurs (sc. 4).

70

70 – Maisons de paysans (sc. 40).
71 – Une maison riche ; elle a un étage sur rez-de-chaussée voûté (sc. 47).
72 – Manoir où Harold se restaure. Salle basse à colonnes et premier étage noble (sc. 3).

71

72

Les palais

Ils appartiennent à des ensembles plus importants, à une ville ou à un château ou pourraient être étudiés comme éléments de fortifications. Ce sont des résidences de rois et de princes. Ainsi le roi Édouard, à Londres, reçoit Harold dans une grande salle où l'on devine des tentures (sc. 1). Ces tentures sont plus visibles lors de la réception du retour (sc. 25), comme aux scènes suivantes (27 et 28). Ce sont de grandes salles à toitures plus ou moins courbes, ayant parfois des colonnes à chapiteaux. Ce fait se confirme avec la salle où le comte Gui reçoit Harold ; de son côté le duc Guillaume discute avec le duc anglais dans une très grande salle, dont le plafond laisse apparaître un véritable triforium à petites arcades.

73 – Palais de Rouen (sc. 14).
74 – Palais de Rouen ? (sc. 35).
75 – Palais de Londres (sc. 33).
76 – Palais de Londres (sc. 1).

73

74

75

76

D'autres exemples très variés sont encore donnés à l'occasion de scènes fixes; le palais de Harold devenu roi, aux scènes 30 et 33, toujours agrémenté de tours, celui de Guillaume à la scène 35, au sommet conique.

Enfin à différents endroits d'autres bâtiments sont représentés, sans qu'on sache à quel usage ils étaient destinés, comme entre les scènes 10 et 11 ce petit kiosque à trois hautes arcades, soubassement à escalier et toiture en coupole aux tuiles de couleurs, ou encore cette pièce schématisée où se trouve Aelfgyva avec deux colonnes torsadées terminées par deux têtes de chiens, cette maison de la côte avec plusieurs étages et une large terrasse donnant sur la mer.

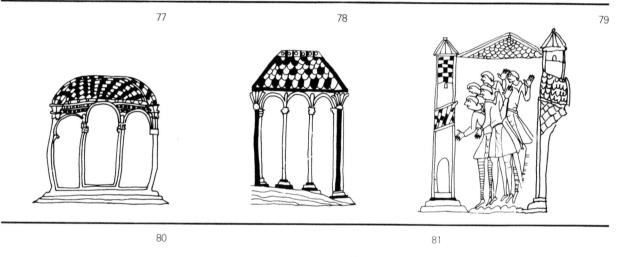

77   78   79

80   81

77 – « Kiosque » (sc. 11).
78 – « Kiosque » (sc. 37).
79 – Abords du palais d'Harold (sc. 31).
80 – Représentation schématique des constructions de Rouen (sc. 15).
81 – Autre représentation du palais d'Harold (sc. 30).

82

83

84

85

86

87

88

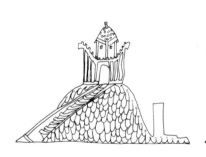

Les fortifications

Tout au long de la Tapisserie apparaissent des tours et des enceintes de villes. Dès la scène 1, on voit une sorte de fort donjon accosté de deux tourelles, tous à toits coniques. Les murs sont en belle pierre, les ouvertures, portes et fenêtres, en plein cintre ; les portes ont de fortes pentures. Beaucoup de tours et de murs avec toits pentus aux scènes 25 à 33 pour l'Angleterre comme en Normandie, scène 35.

Les villes avaient des fortifications plus amples et plus solides, comme on le voit bien avec celles de la scène 12 : la présence de deux soldats sur un chemin de ronde, entre deux tours surmontant un mur soigneusement construit, exprime la nécessité d'une garnison permanente. L'image simplifiée d'un sommet de tour à toit en coupole rappelle les constructions de l'intérieur, comme sans doute on a voulu le faire au-dessus de la salle de réception du roi Édouard, scène 25.

Ce sont les châteaux de Bretagne et de Normandie qui ont le plus intéressé particulièrement historiens et archéologues. Ce sont des mottes castrales. Sur un gros monticule de terre, s'élève un donjon crénelé. Le sommet de la butte est entouré d'une palissade en bois. L'accès au sommet se fait, au-delà du fossé, par un toit en pente douce, sur lequel des planches clouées évitent aux chevaux de glisser. L'accès est protégé par un renforcement particulier de la porte de la palissade. A l'intérieur du château, la place est assez réduite ; une seule construction existe, parfois assez somptueuse comme on le voit à Bayeux (toiture à coupole). C'est un schéma, devenu classique, des premiers châteaux fortifiés à motte, comme il en exista beaucoup dans l'Ouest de la France (Cinglais). Les représentations de la Tapisserie schématisent un ensemble plus vaste qui comprenait outre le château, un bourg, des hameaux et de nombreuses maisons d'habitation.

Les églises

1. *Bosham*. Petite église de campagne, présentée de flanc, comme une simple maison : le toit de bardeaux a une crête terminée par deux croix. Au-dessus de la nef, une rangée de petites fenêtres ; en bas une haute porte en plein cintre, deux ou trois marches donnent accès à la nef. Ni chœur ni tour ne figurent ici.

82 – Tour d'entrée de Rouen, enceinte de ville avec chemin de ronde (sc. 12).
83 – Représentation symbolique du « château » d'Hastings (sc. 47).
84 – Le comte Robert préside à la fabrication d'une motte castrale à Hastings (sc. 45).
85 – La ville de Bayeux, présentée sur une simple motte castrale (sc. 22).
86 – Château de Dol (sc. 18). La porte fortifiée est en haut du plan incliné.
87 – Château de Rennes (sc. 18).
88 – Château de Dinan (sc. 19). Ensemble plus complet que les précédents, avec notamment une porte en bas du plan incliné.

89 – Église de Bosham.
90 – Abbaye du Mont-Saint-Michel.
91 – Église de Westminster.

2. *Mont-Saint-Michel.* Sur la butte, dans l'île où se trouve la célèbre abbaye, une plate-forme supporte une église récemment construite, avec trois portes en plein cintre, un toit analogue à celui de la petite église de Bosham et deux tours aux extrémités. On a le sentiment de voir une façade somptueuse, à trois portails, flanquée de deux tourelles.

3. *Westminster.* Cette église, construite à l'initiative du roi Édouard, fut consacrée le 25 décembre 1065. Elle a grande allure. La longue nef de cinq arcades précède un transept à haute tour et un chœur arrondi. Les hautes arcades sont surmontées de petites fenêtres, comme à Bosham. La crête du toit se termine par un décor somptueux. La tour du transept est environnée de tourelles dont le sommet conique serait à coupole. La mention de l'achèvement de l'édifice est apportée par la mise en place du coq sur le toit.

6. L'artisanat

La présentation de la vie quotidienne amène l'auteur de la Tapisserie à présenter naturellement des objets que l'archéologie redécouvre peu et que l'on retrouve souvent sur les manuscrits. Le dessin exact et précis apporte des informations précieuses.

Outils
Dans la bordure de la scène 10, une scène de la vie des champs contient le dessin d'une charrue à roues, du type de celle qui s'est

répandue en Occident au milieu du Moyen Age et qui a facilité une meilleure exploitation des terres lourdes. Elle dispose d'un train de roues qui permet d'avoir un instrument plus lourd et plus facile à manier. Pour la tirer, il faut souvent plusieurs attelages de bœufs ou de chevaux; ici un âne suffit. L'axe principal de l'engin est prolongé par des mancherons sur lesquels pèse le paysan. Un couteau, ou coutre, planté dans la terre, fend la glèbe que retourne ensuite un long soc armé d'un fer tranchant. La herse, faite d'un simple cadre de bois, est tirée par un cheval. Les deux animaux ont un collier d'épaules qui leur permet de travailler efficacement et sans fatigue.

Au centre de la scène, un semeur jette le grain à pleine poignée après l'avoir puisé dans la réserve que contient son tablier. A droite, un homme lance, à l'aide d'une fronde, des pierres sur les oiseaux. Ces quatre opérations n'ont pas lieu simultanément, mais successivement, chaque scène efface la précédente.

Au moment de l'embarquement (sc. 37), on peut voir un chariot à quatre roues, tiré par deux hommes. Comme aujourd'hui encore les roues de bois sont faites de huit morceaux courbes, emboîtés l'un dans l'autre pour former un cercle, rattachés à un axe par autant de rayons, le tout solidement maintenu par un cercle de métal.

92

93

92 – Scène de la vie rurale représentant : labour, semaille, hersage, chasse des oiseaux (bordure de la sc. 10).
93 – Présentation d'un chariot.

Plusieurs outils à remuer la terre sont figurés au moment des travaux ; pour creuser un fossé et bâtir une motte, les soldats utilisent des bêches, pelles et pioches (sc. 45). Les pelles-bêches sont en bois avec une bordure de fer ; la pelle comporte une poignée à l'extrémité du manche. Une sorte de houe à angle droit permet aussi de creuser.

Bûcherons et charpentiers utilisent une panoplie complète d'instruments à bois : hache à manche long pour abattre l'arbre, doloire à large lame pour tailler les planches, marteau, tarière, hachette.

Bateaux

La construction : la scène 36 décrit sommairement la fabrication des bateaux du débarquement ; des planches étaient taillées dans des arbres ; on ne voit pas de scie, mais seulement une doloire à équarrir ; elles étaient ensuite posées à clin, se chevauchant l'une l'autre, attachées par des liens souples, les interstices étant bourrés d'étoupe et de poix. Un spécialiste, appelé forgeron de proue, vérifiait la qualité de l'architecture de la nef en se plaçant en tête comme on le voit sur la Tapisserie. Les bateaux étaient très simples et ne comprenaient ni pont ni gaillard ; à l'avant et à l'arrière, les extrémités recourbées por-

94 – Pour la construction du château de Hastings, les ouvriers utilisent des bêches, des pelles, le plus souvent outils de bois renforcés à leur extrémité.

94

taient des sculptures, représentant pour la plupart des dragons. La Tapisserie en offre un certain nombre d'échantillons. Ce sont surtout des têtes d'animaux; il se raconte que parfois on les retirait en abordant une terre amie tandis que leur maintien avait pour but de terroriser les ennemis. La flotte de débarquement montre quelques exemples : tête d'aigle, tête d'homme. Le cas le plus original est celui de la poupe de la Mora, vaisseau ducal de Guillaume : un petit personnage jouant du cor et portant une bannière.

95 – Les trois phases de la construction des bateaux : abattage des arbres, préparation des planches, fabrication des barques (sc. 36).
96 – Échantillons de proues et de poupes de navires, représentant des animaux ou des personnages.

95

96

Le bateau était mû par le vent ou la force humaine. On voit en effet les trous de nage dans la coque pour le passage des rames; un seul exemple montre des rames en action; il s'agit sans doute alors d'une petite chaloupe destinée à l'embarquement sur un bateau plus grand (sc. 4). Le mât fiché au centre était solidement maintenu par des haubans pour le voyage, abattu au moment du débarquement. Une seule voile pendait à une grande vergue, perpendiculaire au mât. On remarque que la pointe inférieure de la voile était tenue à la main par l'homme qui avait la barre, comme sur nos petits voiliers dont on contrôle la marche en jouant sur le gouvernail ou sur la tension de la voile pour louvoyer. Le gouvernail n'était encore qu'une latte de bois (rame) large, fixée à l'arrière droit du bateau, tenue en mains par le chef de manœuvre. Deux types sont en usage : pour les Anglais, l'objet est continu de haut en bas, pour les Normands, il a une sorte de poignée (sc. 5 et 34).

La navigation supposait l'usage de quelques instruments complémentaires. Une gaffe servait à pousser la barque au départ ou à la guider sur les hauts fonds, une sonde faite d'une boule enduite de suif au bout d'une corde permettait en s'imprégnant de sable au fond de l'eau d'indiquer la profondeur de l'endroit.

Les Normands savaient se guider en ligne droite et la traversée ne leur posa aucune difficulté; un marin pouvait grimper au mât pour repé-

97 – A gauche, chaloupe d'embarquement. On voit représenté tout le matériel de navigation, gaffes, sonde, ancre, godille servant de gouvernail, mât, voile.

97

rer le rivage de plus loin (sc. 5) ; la plupart du temps, un homme de proue servait de guide (sc. 4, 34, 38). A l'arrivée, le bateau était soit tiré sur la grève, soit fixé au sol par une ancre (sc. 6, 34). Les boucliers rangés le long du bord prenaient moins de place que dans le bateau où l'on ne devait guère circuler facilement ; d'autres étaient attachés par la guige à la poupe. Les chevaux étaient embarqués comme les hommes et amarrés de façon à éviter de déséquilibrer le bateau ; ils étaient soigneusement rangés (sc. 38). Les bateaux pouvaient avoir en moyenne de 10 à 15 mètres de long, 2 à 3 de large. Il en fallut beaucoup pour l'armée de Guillaume. Les chiffres donnés oscillent entre

98

99

98 – Deux sortes de gouvernail sont utilisées : l'un avec une poignée, l'autre rectiligne. A gauche, poupe de la Mora ducale.

99 – Sur ces dessins, il est visible que le barreur est aussi celui qui commande la tension plus ou moins grande de la voile.

600 et 3 000. Les historiens tendent à mettre en doute l'assertion de Baudri de Bourgueil qui donne le plus fort chiffre parce qu'ils ont l'habitude de douter des capacités techniques des hommes du Moyen Age et qu'ils soupçonnent cet analyste d'exagération laudative. Mais il faut se garder de juger hâtivement, car il fallait effectivement beaucoup de ces petits bateaux pour transporter une grosse armée avec chevaux et bagages.

7. Le bestiaire

Animaux domestiques, sauvages ou monstrueux

Le principe de la bordure consistait à présenter des animaux par couples, deux bêtes identiques affrontées ou adossées. Hormis les anomalies dues à la présentation de scènes érotiques, de scènes en relation avec le récit, ou de scènes de genre, il faut se montrer attentif à la mise en place d'animaux qui ne sont pas couplés. Il y en a bon nombre, et dans bien des cas, il s'agit de fables; ces cas particuliers seront examinés un peu plus loin. Les animaux domestiques qui accompagnent les cavaliers au long du récit ont été mentionnés plus haut : chevaux, chiens, faucons.

Pour ceux qui restent, deux catégories sont à faire d'emblée :
- celle des animaux domestiques ou sauvages,
- celle des animaux monstrueux.

Pour les premiers, la variété n'est pas extrême. Chiens, béliers, chats, mulets, paons, canards, grues se reconnaissent assez bien, tout comme les lions, les dromadaires. Beaucoup d'animaux sont des quadrupèdes proches des lions, ou des oiseaux impossibles à dénommer.

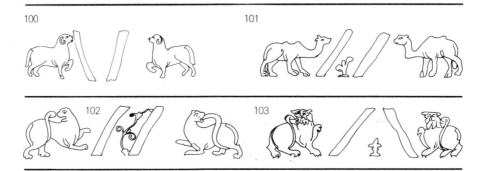

100 – Béliers.
101 – Chameaux.
102 – Léopards.
103 – Lions.

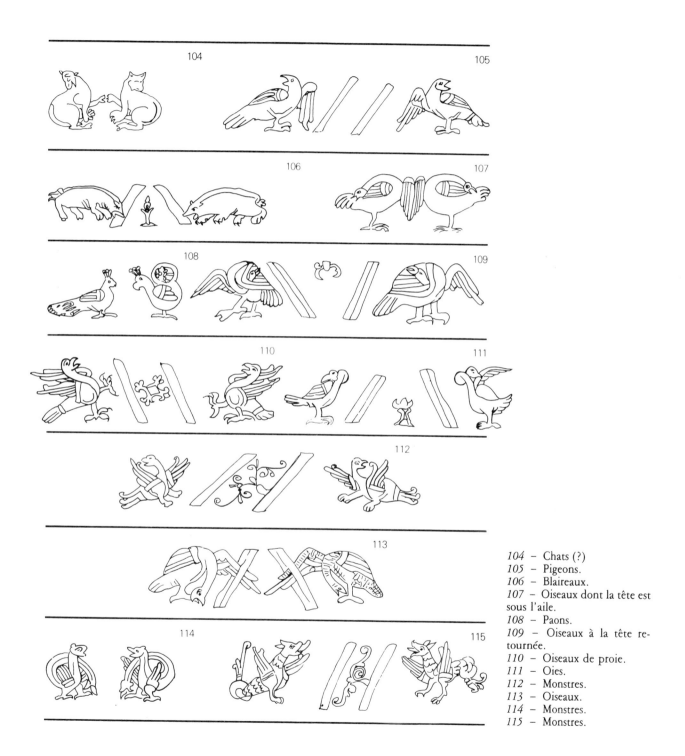

104 – Chats (?)
105 – Pigeons.
106 – Blaireaux.
107 – Oiseaux dont la tête est sous l'aile.
108 – Paons.
109 – Oiseaux à la tête retournée.
110 – Oiseaux de proie.
111 – Oies.
112 – Monstres.
113 – Oiseaux.
114 – Monstres.
115 – Monstres.

116 – Centaures hommes.
117 – Centaures femmes.
118 – Chevaux ailés.
119 – Quadrupèdes ailés.
120 – Oiseaux crachant le feu.
121 – Quadrupèdes ailés.
122 – Quadrupèdes qui se mordent la queue.

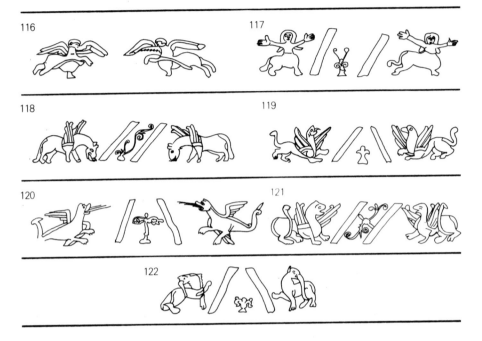

Pour les seconds, l'imaginaire médiéval dont on connaît par les manuscrits et les chapiteaux l'infinie variété, s'est encore ici donné libre cours avec les hommes et les femmes centaures, les lions et les chevaux ailés, les monstres à queue ou à tête nouée.

Quelques chiffres encore : 208 couples d'animaux ornent les bordures inférieure ou supérieure. Parmi eux, 74 d'oiseaux assez semblables malgré une certaine diversité d'attitude, 60 de quadrupèdes, dont la moitié ressemblent à des lions, 32 de quadrupèdes ailés et 16 d'animaux proches des précédents, caractérisés par le fait qu'ils se mordent la queue. Six couples ont queue ou cou tordu, un couple d'oiseaux fantastiques crache le feu. Une fois au moins sont représentés des centaures hommes, une fois des centaures femmes. En fait, il y a une volonté manifeste de varier les genres, en distinguant par exemple les oiseaux hauts ou bas sur pattes, à cou long ou court, à bec plus ou moins volumineux, mais on ne trouve pas malgré tout la même richesse exubérante que sur les chapiteaux romans. Le dessinateur est en effet resté modeste dans sa réalisation. Un couple de tamanoirs paraît bien isolé, et ailleurs deux mulets attachés l'un à l'autre semblent bien devoir illustrer une fable.

Les fables

Dès le début de la Tapisserie, le spectateur attentif, qui se penche sur la bordure inférieure, reconnaît les allusions qui sont faites à des fables bien connues depuis la haute antiquité : le corbeau et renard, le loup et l'agneau, le loup et la grue, avec les titres que La Fontaine a popularisés. Deux érudits se sont efforcés d'identifier les fables de la Tapisserie : Madame H. Chefneux et L. Herrmann. L'un et l'autre ont pu prendre appui sur la volumineuse publication en deux volumes, par Léopold Hervieux, des textes des fabulistes latins jusqu'à la fin du Moyen Age.

Si l'on examine tous les cas où sont représentés des animaux autres que ceux qui sont groupés par couples identiques, on devrait retrouver une allusion à une fable. Cela n'est pas toujours possible. Léon Herrmann s'est à cet égard aventuré à des identifications qui laissent sceptique ; de même qu'il a cru, à tort selon nous, à l'impossibilité de voir reproduire plusieurs fois la même fable.

Voici les fables dont l'identification ne souffre aucune discussion avec la traduction du texte de Phèdre, le fabuliste latin dont les manuscrits médiévaux ont reproduit l'œuvre.

Le renard et le corbeau

« Comme le corbeau avait pris un fromage sur un rebord de fenêtre, il s'alla percher en haut d'un arbre. Lorsque le renard le vit, il lui dit : ''Ô corbeau, qui peut t'égaler ! Comme tes plumes sont brillantes ! Quelle serait ta gloire si tu avais une belle voix ! Nul oiseau ne l'emporterait sur toi.'' Le corbeau, voulant plaire et montrer sa voix, poussa un grand cri et, le bec ouvert, oubliant le fromage, le laissa choir. Le rusé renard s'en empara promptement. Alors le corbeau se lamenta et tout ébahi, regretta de s'être laissé abuser.

123 – Trois illustrations de la fable « Le renard et le corbeau ».

Lorsqu'on a subi un tort irréparable, à quoi bon regretter? »
Trois exemples en sont donnés :

- scène 4 : perché sur un arbre, un oiseau laisse échapper un objet rond que va saisir un quadrupède ;
- scène 16 : cette fois l'objet est dans la gueule du quadrupède ;
- scène 24 : l'oiseau a encore l'objet dans le bec.

Le loup et l'agneau

« Un loup et un agneau, également assoiffés, s'approchèrent d'une rivière, en venant de deux directions opposées. Le loup buvait en amont et l'agneau beaucoup plus bas. Sitôt qu'il vit l'agneau, le loup lui dit : ''Tu as troublé l'eau que je buvais.'' L'agneau lui répondit avec douceur : ''Comment ai-je pu troubler l'eau que tu bois, alors qu'elle descend du lieu où tu te trouves vers celui où je suis?'' La vérité ne troubla pas l'aplomb du loup : ''Tu as médis de moi'' dit-il. L'agneau : ''Il n'en est rien.'' Alors le loup de répliquer : ''C'est donc ton père qui le fit, il y a six mois'' ''Étais-je né?''. Le loup sans pudeur, s'écria : ''Et tu parles encore, brigand!'' Et aussitôt il se jeta sur l'agneau et priva de vie l'innocent.
Cette fable s'adresse à ceux qui calomnient leur prochain. »

124

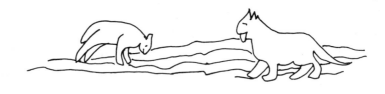

124 – De part et d'autre d'un ruisseau schématisé par des lignes ondulées se trouvent un mouton qui boit et un loup menaçant qui le guette (sc. 4).

La chienne mettant bas

« Une chienne en gésine avait prié une autre chienne de la laisser mettre bas dans son gîte. Celle-ci lui permit d'entrer. Une fois les petits nés, elle lui demanda de s'en aller avec ses chiots déjà solides. La mère n'en voulut rien faire. Peu de temps après, l'hôtesse réclama à nouveau son logis et voulut contraindre l'intruse au départ. Mais celle-ci, avec humour, lui répliqua : ''Pourquoi te fatiguer à nous

125 – D'une niche, surgissent les quatre têtes de chiots qui refusent de rendre son logement à la chienne qui a accepté de la prêter à sa compagne sur le point de mettre bas (sc. 4 et 50).

insulter ? Si tu m'affrontes, moi et ma famille, et si tu es plus forte que nous, je te rendrai ton abri !''

Parfois les braves gens perdent ainsi leurs biens pour avoir cru aux paroles aimables d'autrui. »

Le loup et la grue

« Alors que le loup dévorait des os, l'un d'eux resta fiché douloureusement en travers de son gosier. Le loup promit une belle récompense à qui le délivrerait de ce mal. On vint prier la grue au long cou de soigner le loup et elle glissa sa tête dans son gosier pour en extraire l'os qui faisait souffrir le loup. Le loup guéri, la grue demanda, à ceux qui l'avaient fait venir, la récompense promise. On rapporte que le loup s'écria : ''Quelle ingrate que cette grue qui a sorti de ma gorge sa tête intacte sans avoir reçu le moindre coup de dent, et qui demande encore un salaire ! Quelle insulte à ma mansuétude !''

Cette parabole avertit ceux qui veulent rendre service aux méchants. »

126 – Un oiseau plonge son long bec dans la gorge d'un quadrupède (pour en extraire un os). C'est *Le loup et la cigogne* de La Fontaine (sc. 4 et 24).

Le rat et la grenouille

« Un rat qui voulait traverser une rivière demanda l'aide d'une grenouille. Celle-ci alla chercher un fil solide, lia le rat à l'une de ses pattes et se mit à nager. Mais au milieu de la rivière, la grenouille plon-

gea pour ôter la vie à l'infortuné. Tandis que le rat se défendait vaillamment, de toutes ses forces, un milan, fondant sur lui, le saisit dans ses serres et l'enleva, entraînant avec lui la grenouille.
C'est ce qui arrive à ceux qui méditent la perte d'autrui. »

127

127 – D'une rivière stylisée par trois traits ondulés, un oiseau saisit un objet attaché à une grenouille. Le dessin est sommaire mais l'interprétation ne fait pas de doute. L'épervier saisit le rat que la grenouille attachée à sa patte tentait d'entraîner au fond de l'eau (sc. 5).

128 – Cette fable est représentée en deux épisodes : d'abord un cerf est poursuivi par un lion, une vache, un mouton et une chèvre ; ensuite le cerf est tué par le lion. C'est bien l'illustration de la fable que La Fontaine a intitulée *La génisse, la chèvre et la brebis en société avec le lion* (sc. 7).

129 – Un homme assis tient de la main gauche un serpent dressé : est-ce la fable du serpent familier ? La Fontaine a repris ce thème sous le titre *Le villageois et le serpent.*

La vache, la chèvre, la brebis et le lion

« La vache, la chèvre et la brebis s'associèrent avec le lion. Alors qu'ils se trouvaient dans un bois pour prendre un cerf, une fois les parts faites, le lion parla en ces termes : "Je me sers le premier, en tant que lion. La seconde part me revient parce que je suis plus fort que vous. Je me réserve aussi la troisième parce que j'ai couru plus que vous. Quant à la quatrième, celui qui y touchera m'aura pour ennemi !"
Ainsi conserva-t-il malhonnêtement toute la proie pour lui seul.
Cette fable avertit tous les hommes de ne point s'associer aux puissants. »

128

129

L'homme et le serpent

« Alors qu'il gelait à pierre fendre, un homme, par bonté, recueillit un serpent et le garda sous ses vêtements, le réchauffant durant tout l'hiver. Le serpent, ayant repris des forces, devint alors agressif et répandit force venin, et loin de partir avec reconnaissance refusa de s'en aller tout en se montrant menaçant.

Que lisent cette fable ceux qui de leur plein gré obligent des ingrats qui leur font du tort quand on les prie de partir. »

Plusieurs dessins de bordures font penser à une représentation de fables. Nous n'avons pu les identifier précisément. Voici les motifs :

130 – Un quadrupède devant son logement écoute un homme qui, bras tendus, présente un groupe de huit animaux où se reconnaissent un âne, un cerf, un cheval, un renard et quatre autres bêtes difficiles à identifier précisément (Le lion devenu vieux ?) (sc. 5).

130

131

132

133

134

131 – Deux scènes successives évoquent une fable. Un quadrupède, qui peut être un loup ou un renard, affronte une chèvre, puis la chèvre regarde une chasse où deux hommes armés de gourdins suivent quatre chiens courant derrière un quadrupède, qui serait celui de la scène précédente. Un des deux hommes regarde en arrière vers la chèvre comme pour faire le lien avec la scène précédente (sc. 6-7).

132 – Quatre quadrupèdes, dont un lion et un cerf, font face à un oiseau qui est sans doute une volaille (sc. 40).

133 – Un âne qui broute est guetté par un quadrupède caché derrière des buissons.

134 – Un quadrupède fait face à une chèvre. Est-ce l'histoire du loup et du chevreau?

135 – Deux quadrupèdes, dont l'un ressemble à une panthère, entraînent un oiseau dans leur gueule.

136 – Ces deux têtes, liées l'une à l'autre, évoquent-elles la fable des deux mulets?

135   136

Il existe une vingtaine d'autres situations où Léon Herrmann a cru retrouver des fables de Phèdre. Malheureusement, il sollicite exagérément l'interprétation jusqu'à voir par exemple dans les deux moutons qui paissent sur la motte de Rennes la fable « Le chien et la brebis », et dans l'homme accroupi de la scène 15 en bas, l'illustration de l'accouchement!

Conclusion

La Tapisserie de Bayeux est bien un document unique en son genre, comme la colonne de bronze de Hildesheim. Certes le réalisateur s'est inspiré des pratiques de son temps : broderies de scènes sur toile, choix des dessins, représentation d'hommes, d'animaux, de bâtiments, superposition de scènes ; mais il a créé quelque chose de profondément original, qui est le récit, dessiné, d'un événement récent, sur un support léger, transportable, qui pouvait certes servir de décor, mais aussi de moyen de propagande.

La construction du récit répond à une préoccupation politique, qui correspond bien à ce qu'écrivaient les historiens normands contemporains. Elle est surtout conçue avec une grande ampleur, avec un réel sens esthétique, avec une exceptionnelle intelligence du récit et du déroulement de l'histoire ; elle fut dessinée avec un rare bonheur, et plus que la bande dessinée à laquelle les hommes du XXe siècle sont normalement conduits à faire référence, elle fait penser à un film de toile, comme la colonne Trajane est un film pétrifié.

La Tapisserie de Bayeux, qui rapporte l'histoire du parjure d'Harold, a toujours excité la sagacité des historiens, curieux de comprendre la signification des scènes, parfois des dessins. Elle n'a pas livré tous ses secrets, mais plutôt que de rêver à une compréhension totale, vaut-il mieux se réjouir d'avoir une véritable photographie d'un monde que les manuscrits enluminés ou les sculptures de pierre ne nous restituent qu'avec parcimonie. Chacun conserve la possibilité de solliciter sa propre imagination. Chaque décennie apporte sa contribution à la connaissance de ce chef-d'œuvre. Nous aurons atteint notre but si le lecteur a compris la nécessité de le parcourir d'un œil neuf, comme un film, et non plus seulement comme une source iconographique.

Sources et bibliographie

A. Sources

• Guillaume de Jumièges, *Gesta Normannorum ducum,* éd. J. Marx, Société de l'Histoire de Normandie, 1914. Traduction dans *Collection des mémoires relatifs à l'histoire de France,* par M. Guizot, t. 29, Paris, 1826.

• Guillaume de Poitiers, *Histoire de Guillaume le Conquérant,* éditée et traduite par R. Foreville, *Classiques de l'histoire de France au Moyen Age,* Paris, Les Belles-Lettres, 1952.

• *The Carmen de Hastingae proelio of Guy Bishop of Amiens,* edited by Catherine Morton and Hope Muntz, Oxford, Clarendon Press, 1972 (Oxford Medieval Texts).

• *The Ecclesiastical History of Orderic Vitalis,* edited and translated with introd. and notes by Marjorie Chibnall, Oxford, Clarendon Press, 1969-1980, 6 vol. (Oxford Medieval Texts). Traduction française dans *Collection des mémoires relatifs à l'histoire de France,* par M. Guizot, t. 25 à 28, Paris, 1825-1827.

• Baudri de Bourgueil, *Poésies :* éd. de la partie correspondant à la Tapisserie dans Ph. Lauer, le poème de Baudri de Bourgueil adressé à Adèle, fille de Guillaume le Conquérant et la date de la Tapisserie de Bayeux, *Mélanges d'histoire offerts à M. Charles Bémont,* Paris, 1913, pp. 43-58.

B. Bibliographie sommaire

• J. BARD MAC NULTY, The Lady Aelfgyva in the Bayeux Tapestry, *Speculum,* 55, 4 1980, pp. 659-668.

• S. BERTRAND, *La Tapisserie de Bayeux et la manière de vivre au onzième siècle,* La Pierre qui vire, 1966.

• N.P. BROOKS & H.E. WALKER, The Authority and Interpretation of the Bayeux Tapestry, *Proceedings of the Battle Conference,* 1 (1978), pp.1-34.

• Sh. A. BROWN, *The Bayeux Tapestry. Its Purpose and origin,* Diss. Cornelle Univ. 1977.

• H. CHEFNEUX, Les fables dans la Tapisserie de Bayeux, *Romania* XL (1934), pp. 1-35, 153-194.

• C.R. DODWELL, The Bayeux Tapestry and the French Secular Epic, *The Burlington Magazine,* 1966, pp. 549-560.

• R. DRÖGEREIT, Bemerkungen zum Bayeux-Teppich, *Mitteilungen des Instituts für österreichische Geschichtsforschung,* LXX (1962), pp. 257-293.

• L. HERRMANN, *Les fables antiques et la broderie de Bayeux,* Bruxelles, 1964.

• U.T. HOLMES, The Houses of the Bayeux Tapestry, *Speculum,* XXXIV (1959), pp. 179-183.

• R. LEJEUNE, Turold dans la Tapisserie de Bayeux, *Mélanges René Crozet,* I, Poitiers, 1966, pp. 419-425.

• A. LEVÉ, *La Tapisserie de la reine Mathilde, dite la Tapisserie de Bayeux,* Paris, 1919.

• B. de MONTFAUCON, *Les monuments de la monarchie française,* I, Paris, 1729, p. 371 et ss.; II, Paris, 1730, p. 1 et ss.

• H. PRENTOUT, Essai d'identification des personnages inconnus de la Tapisserie de Bayeux, *Revue historique,* CLXXVI (1935), pp. 14-23.

• M. RUD, *la Tapisserie de Bayeux et la Bataille du Pommier gris,* traduction Eric Eydoux, Bayeux, 1974.

• F. STENTON, éd., *The Bayeux Tapestry,* 2ᵉ éd. Londres, 1965.

• O.K. WERKMEISTER, The political ideology of the Bayeux Tapestry, *Studi Medievali,* 1976, pp. 535-505 (contient une bibliographie complète jusqu'en 1976, classée chronologiquement).

La tapisserie de Bayeux
devant les historiens

O.K. Werckmeister a publié en 1976 une importante récapitulation bibliographique des travaux, livres et articles, intéressant la Tapisserie de Bayeux depuis 1729 et la fameuse publication de Bernard Mont-faucon. Au cours de ces dernières années, S. Brown a fait une étude, restée manuscrite, sur l'origine et le but de la Tapisserie. A l'occasion des conférences de Battle, N.P. Brooks et H.E. Walker ont repris le dossier en apportant de nouvelles hypothèses. C'est dire que décennie après décennie, historiens et archéologues manifestent l'intérêt constant qu'ils portent à l'œuvre d'art dont il est ici question. Deux grands thèmes les retiennent : les conditions de fabrication de la Tapisserie d'une part, les données historiques qu'elle présente et la confiance qu'elles méritent d'autre part.

1. Conditions de fabrication de la Tapisserie

C'est en Angleterre que la toile a été brodée. Quelques indices sont fournis par le vocabulaire et la manière d'écrire certains mots (Eadwardus, Gyrd, Ceastra), par l'utilisation du mot « Francs » pour désigner les Normands. Brooks et Walker avancent de façon convaincante que c'est au monastère Saint-Augustin de Canterbury que ce fut fait. Voici la liste de leurs remarques à ce sujet, qui sont données à la suite de la démonstration.

1. Provenance anglaise indiquée par les inscriptions.
2. Canterbury est le chef-lieu du comté d'Eudes, qui y avait la plus grande partie de ses biens.
3. Turold, Wadard et Vital avaient tous des terres dans le Kent et Vital est notamment connu comme Vital de Canterbury.
4. Là où la Tapisserie se démarque nettement de la version normande des événements de 1064-1066, il apparaît qu'elle suit des traditions qui ne se trouvent pas ailleurs que dans les chroniques en rapport avec Canterbury.

5. Canterbury fut un centre remarquable de dessin, particulièrement connu pour l'habileté de ses artistes dans la peinture narrative.

6. Un personnage de la Tapisserie, le fourrageur normand qui porte le ''Collier'', était la copie d'un personnage d'un *Prudence* datant de la période saxonne tardive et provenant de Saint-Augustin. La scène du repas d'Hastings est inspirée, sans doute indirectement, de la Cène du fameux Évangéliaire de Saint-Augustin.

7. Contrairement à d'autres établissements du Kent, Saint-Augustin avait de bons rapports avec Eudes et ses vassaux. Il fut le principal bénéficiaire d'après conquête durant les années où la cathédrale de Bayeux fut achevée.

Comme dans la plupart des cas, il ne s'agit là que d'une hypothèse, mais fortement étayée et, en l'absence de toute information contemporaine, elle peut être considérée comme tout à fait acceptable. Inutile de revenir sur des discussions touchant la possibilité ou non qu'il s'agisse de brodeuses plutôt que de brodeurs (Saint-Augustin, monastère d'hommes, avait un personnel féminin à sa disposition), qu'il s'agisse d'artisans d'église ou de laïcs (en rapport avec la présence de quelques tableaux érotiques).

Le problème de la période de fabrication a été très discuté dans les dernières années et mis en rapport avec les mésaventures politiques de l'évêque de Bayeux, comte de Kent : a-t-il fait faire la Tapisserie pour se justifier après son emprisonnement? Entre 1082 et 1087? Après 1087? Nous ne voyons pas en quoi ce récit eût aidé véritablement Eudes à se justifier. L'hypothèse d'une œuvre de propagande qui suivrait immédiatement la conquête, hypothèse que nous avons émise dans notre étude, s'ajoute aux précédentes. Nous persistons à douter que cette fabrication soit à mettre en rapport avec la consécration de la cathédrale de Bayeux en 1077. Il faut retenir à tout le moins que le travail a été mené à bien entre 1067 et 1082, peut-être 1077 si l'on veut. Mais on peut s'en tenir à ces deux années : 1067-1077.

2. Les données historiques

Le deuxième débat porte sur la qualité de source historique de la Tapisserie, que l'on compare aux œuvres de Guillaume de Poitiers,

Guillaume de Jumièges, Guy d'Amiens, Baudri de Bourgueil, Orderic Vital, Wace, à la Vie d'Édouard, à la Chronique anglo-saxonne.

Orderic Vital a écrit vers 1120-1140 une *Histoire ecclésiastique* inspirée de ses prédécesseurs. Wace, poète et historien, a composé vers 1160 un Roman de Rou, avec beaucoup de fantaisie. Baudri de Bourgueil est un poète qui a composé après 1100 une description de la Tapisserie de Bayeux. L'historien moderne ne peut guère tenir compte de ces auteurs pour juger de la valeur historique de la Tapisserie. Le poème de Guy, évêque d'Amiens, mort en 1074, concerne seulement la bataille d'Hastings; il est court et ne touche qu'à une petite partie du récit de l'année 1066. Guillaume de Jumièges, moine de cette abbaye normande, a dédié au roi Guillaume le Conquérant, vers 1170, une histoire assez médiocre. Reste Guillaume de Poitiers, dont l'histoire de Guillaume le Conquérant est un panégyrique du héros. Son œuvre est très diserte sur la conquête de l'Angleterre; l'auteur a écrit en 1073-1074, en même temps, selon nous, que la Tapisserie était brodée. De fait, les deux sources sont très voisines et on retrouve les mêmes éléments dans l'une et l'autre. S'il y a divergence, c'est notamment parce que l'auteur de la Tapisserie présente un récit en raccourcis et manque de la possibilité de préciser. Voici un exemple de divergence, qui peut parfaitement s'expliquer : Guillaume place le serment d'Harold à Bonneville-sur-Touques, la Tapisserie, dit-on, le place à Bayeux. Mais a-t-on bien compris cette dernière ? Le dessin nous y montre d'abord Guillaume et Harold rentrant à Bayeux, puis la scène suivante, celle du serment, porte comme indication : « *Où Harold fit serment au duc Guillaume.* » Or il ne faut pas lier ce texte au précédent et comprendre : « *Ici Guillaume vient à Bayeux, où Harold fit serment au duc Guillaume* »; les deux phrases sont distinctes. Le *Ubi* (où) de la 2ᵉ phrase n'a pas valeur locative, mais introduit toutes sortes de phrases et se traduit plutôt par « *Où l'on voit que* »; dans cette hypothèse, on doit considérer que le lieu de prestation du serment n'est pas donné par la Tapisserie, pas plus que l'endroit où Gui amène Harold au duc Guillaume (Guillaume de Poitiers le fixe à Eu), pas plus que celui où le duc amène alors Harold, scène 14 (Guillaume de Poitiers dit que c'est Rouen). Par conséquent, la Tapisserie ne nous paraît pas contredire Guillaume de Poitiers.

Il convient de faire état de quelques sources anglaises, telles que la Vie d'Édouard le Confesseur et la Chronique anglo-saxonne. Plusieurs points de détail sont discutés :

1. Harold à Ponthieu

L'erreur de navigation qui a conduit Harold sur les terres du comte Gui est mentionnée par Guillaume de Poitiers; cela eut lieu en 1064 et Gui accéda aisément à la demande de libération formulée par le duc Guillaume qui le remercia avec générosité. De là, Gui conduisit Harold vers Guillaume au château d'Eu, et ces deux derniers prirent ensuite la route de Rouen.

2. Aelfgyva

La présentation du clerc et d'Aelfgyva (sc. 15) a suscité les hypothèses les plus variées et les plus invraisemblables. On y a vu une jeune fille, une femme mariée, une veuve, une abbesse, la représentation d'une morte ; on en a fait la fille d'un tel, la femme ou la veuve de tel autre, la concubine d'un troisième. La dernière explication en date, proposée par J. Bard Mac Nulty, met en rapport le clerc, la dame et la scène érotique de la bordure inférieure.

La saga d'Harald de Norvège nous apprend à ce sujet qu'Harold passa l'hiver en Normandie et qu'il y eut promesse de mariage avec la fille du duc Guillaume[1]. Il est plus sage de retenir cette donnée, quitte à la mettre en doute si l'on est assuré que Guillaume n'a pas eu de fille nubile de ce nom en 1064-1065. Mais est-il prudent d'envisager cent autres solutions invérifiables ?

3. Le don des armes

Dans la scène 21, on a volontiers vu l'adoubement d'Harold par Guillaume, en interprétant abusivement la phrase : *Guillaume donna des armes à Harold,* et en y voyant la copie de l'expression *ceindre du glaive* par laquelle on désigne la cérémonie de prise d'armes d'un jeune chevalier. Harold, chef de guerre adulte, vainqueur des Gallois, maître de plusieurs comtés, n'avait pas à devenir chevalier par la grâce de Guillaume. Pour Guillaume de Poitiers, l'affaire est simple : « *Parce qu'il (Guillaume) le savait plein de bravoure et avide d'une gloire nouvelle, il le pourvut d'armes de guerre et de chevaux d'élite.* » Le cadeau était une pratique courante, encore plus normale ici après le service rendu par Harold.

[1]. *La Saga de Harald l'impitoyable,* trad. et prés. par Régis Boyer, Paris Payot 1979, ch. 76, pp. 120-121.

4. L'avènement d'Harold

Sources normandes et sources anglaises sont en désaccord sur les conditions de l'accession d'Harold au trône. Pour les premières, le comte saxon usurpa le titre royal au lendemain de la mort d'Édouard, avec l'appui de « quelques iniques partisans ». La Tapisserie montre deux hommes qui offrent hache et couronne à Harold. Pour les Anglais, l'accord des grands fut acquis et Harold accepté comme roi. L'entourage de l'évêque de Bayeux tenait-il à faire oublier le peu de légitimité que pouvait avoir le choix d'Harold par l'aristocratie de son pays ? Le texte de la Tapisserie note la concession faite par les partisans du roi : *« Ils donnèrent à Harold la couronne de roi »* et ne fait pas état d'usurpation. Le spectateur a le choix de son interprétation, comme pour le serment mentionné plus haut, avec lequel ce couronnement était en rapport : c'est là que prend place le parjure d'Harold, qui se laisse couronner malgré les promesses faites à Guillaume.

5. Le combat

La représentation linéaire de la bataille sur la Tapisserie ne permettait pas de coller à la réalité. La représentation est cependant très claire et on y voit figurer les deux épisodes principaux : l'échec dans l'escalade de la colline et le bruit de la mort de Guillaume. Faut-il voir Lewine et Gyrd dans les deux fantassins cuirassés représentés sous leur nom scène 52 ? Il ne semble pas, car ils sont montrés combattant et non mourant. La question est posée de nouveau à propos d'Harold et du soldat qui tente de retirer une flèche de son œil. Brooks et Walker admettent la véracité de la tradition en ce qui concerne la flèche mortelle. Nous avons vu que le dessinateur a pu vouloir représenter le roi à deux stades de sa mort ; les deux auteurs que nous venons de citer ont songé également à une « duplication » de l'individu.

Au total, la Tapisserie nous paraît digne de confiance pour l'essentiel de ce qu'elle rapporte, et son auteur bien informé des circonstances historiques. Il a admirablement utilisé le dessin pour raconter et compléter, pour les yeux, le récit de Guillaume de Poitiers. Il restera toujours à éclaircir le mystère d'Aelfgyva, qui n'en était pas un pour l'auteur du XIe siècle et continuera de susciter la réflexion des historiens intrigués.

Fiche technique de la tapisserie

Les renseignements qui suivent sont empruntés au livre de Simone Bertrand, *La Tapisserie de Bayeux et la manière de vivre au onzième siècle* (coll. Zodiaque, 1966).

Dimensions : la longueur est de 69,55 m en 8 morceaux (soit dans l'ordre, 13,65 m ; 13,75 m ; 8,35 m ; 7,75 m ; 6,60 m ; 7,05 m ; 7,15 m ; 5,25 m) dont les coupures sont aux scènes 13, 26, 37, 42, 51, 55. La largeur varie entre 48 et 51 cm (33 pour le texte, 7 à 8 pour chaque bordure).

Matière : le support est une toile de lin. Les laines sont de 4 couleurs, en 8 teintes (rouge brique ; jaune soutenu et jaune chamois ; vert clair et vert foncé ; bleu en trois tons).

Points :
– point de tige pour tous les tracés linéaires ;
– point de couchage (point de Bayeux) pour les teintes plates (1ᵉʳ temps : couverture uniforme de la surface par des fils tendus côte à côte d'un bord à l'autre ; 2ᵉ temps : des fils sont mis perpendiculairement aux précédents, par-dessus, tous les 5 mm ; 3ᵉ temps : les seconds fils sont rattachés à la toile à distance régulière pour plaquer la laine).

Contenu : 1 515 sujets, dont :

626 personnages	37 édifices
202 chevaux ou mulets	41 vaisseaux
55 chiens	49 arbres

505 autres animaux.

Réalisation : S. Bertrand écrit : « On ne peut, à l'heure actuelle, déceler aucun tracé. L'analyse prouve que l'ouvrage a subi un, sinon deux lavages, qui même s'il avait existé, auraient fait disparaître le dessin primitif. » Qu'est-ce qui a guidé la main des artisans brodeurs ? Pour réaliser la colonne Trajane, l'architecte réalisa une maquette et fit tailler alors les tambours qui, superposés, constituèrent la colonne. Il est difficile d'imaginer que la broderie a été réalisée sans dessin, sans l'utilisation de cartons. Permettons-nous une hypothèse : d'une façon assez générale, les scènes, ou ensembles à l'intérieur d'une scène, correspondent à une longueur de 70 cm à 1 m, ce qui représente la longueur d'une peau de mouton. On peut penser que le réalisateur a préparé son dessin sur des peaux avant de le reporter sur la toile. Il est hors de question de croire qu'il a simulé l'ensemble sur peaux cousues (cela aurait demandé 90 à 100 peaux), mais il a pu en utiliser plusieurs dont il effaçait le dessin après qu'il avait été repris.

Table

N° d'édition : 1435
Dépôt légal : mars 1983

Maquette : Élisabeth Fromaget

Imprimerie du Marval - Vitry-sur-Seine